ACTEURS ET ACTRICES D'AUTREFOIS

Documents et anecdotes publiés sous la direction de M. LOUIS SCHNEIDER

Adrienne Le Couvreur

par

Georges Rivollet

LIBRAIRIE
FÉLIX ALCAN

ADRIENNE LE COUVREUR

DU MÊME AUTEUR

THÉATRE

Alkestis, drame antique, en quatre actes, en vers (Comédie-Française), couronné par l'Académie française.

Les Phéniciennes, drame antique, en quatre actes, en vers (Comédie-Française).

Œdipe à Colone (d'après Sophocle), drame antique, en quatre actes, en vers (Comédie-Française).

Le bon Billet, comédie en un acte, en vers (Théâtre Royal du Parc, Bruxelles).

Jérusalem ! pièce en cinq actes, en prose, musique de scène de Massenet (Théâtre de Monte-Carlo).

Tu ne tueras point..., pièce en cinq actes, en prose (Théâtre du Nouvel-Ambigu).

EN COLLABORATION

L'Occasion, comédie en un acte, en vers (Comédie-Française), avec M. Jacques Normand.

Doralice ou la Metamorphose, comédie en trois actes, en prose (Théâtre Caumartin), avec M. Nozière.

ROMANS (Eug. Fasquelle, éditeur)

La Dentelle de Thermidor, couronné par l'Académie française.

Bénédicte.

Les trois Grâces.

ADRIENNE LE COUVREUR,
par COYPEL

ACTEURS ET ACTRICES D'AUTREFOIS
Documents et Anecdotes
publiés sous la direction de M. LOUIS SCHNEIDER

ADRIENNE LE COUVREUR

PAR

Georges RIVOLLET

LIBRAIRIE FÉLIX ALCAN
108, BOULEVARD SAINT-GERMAIN, PARIS
1925

IL A ÉTÉ TIRÉ DE CET OUVRAGE :

100 exemplaires sur papier Lafuma pur fil,
numérotés de 1 à 100.

A

JULIA BARTET

qui, — Andromaque, Iphigénie, ou Bérénice, — nous rendit Adrienne Le Couvreur.

G. R.

L'auteur aura plus d'une fois l'occasion de citer le nom du regretté Georges Monval, à qui l'on doit la publication des *Lettres d'Adrienne Le Couvreur*, précédées d'une précieuse notice biographique.

Et il ne lui paraît que juste d'adresser, au seuil de son livre, un hommage reconnaissant à la mémoire du très érudit archiviste de la Comédie-Française.

CHAPITRE PREMIER

Une représentation de *Polyeucte* dans une cour de la rue Garancière

Par une belle journée du printemps de l'an de grâce 1705, vers deux heures de l'après-midi, M. le comte d'Argenson, lieutenant de police, était occupé à écrire dans son cabinet orné des portraits en pied de son père et de son aïeul, de leur vivant ambassadeurs de France auprès de la sérénissime République de Venise, lorsque l'huissier de service, ayant discrètement gratté à la porte, vint l'avertir que le doyen des comédiens français et l'un de ses camarades, le sieur Le Grand, sollicitaient humblement la faveur de l'entretenir sur l'heure.

M. d'Argenson était un magistrat plein de vigilance et il estimait que la police doit avoir l'œil ouvert sur tout ce qui intéresse la vie de la cité, sans en excepter les menues affaires de théâtre. De plus MM. les comédiens du Roi étaient, dès ce temps-là, des personnages, moins peut-être en raison de la popularité que leur valait leur talent qu'à cause du crédit dont jouissaient dans le monde de la Cour, où elles comptaient presque toutes de fervents protecteurs, les belles comédiennes associées.

M. d'Argenson interrompit donc sa lettre commencée et donna l'ordre d'introduire ces messieurs.

La conjoncture était en effet urgente, et l'affaire de celles qui tenaient le plus au cœur des comédiens français. Très chatouilleux sur l'article de leur privilège, ils avaient déclaré la guerre aux forains et aux petits spectacles — on dirait de nos jours : spectacles « à côté » — qui s'organisaient un peu partout. Or, on avait eu vent à la Comédie d'une impertinente représentation de *Polyeucte* qui devait être donnée le jour même dans la cour de l'hôtel de Mme la présidente Du Gué, rue Garancière, par une troupe de jeunes gens du quartier, s'essayant depuis quelque temps à l'art de Melpomène et de Thalie dans l'arrière-boutique d'un épicier de la rue Férou. La présidente avait trouvé piquant d'offrir à sa société la primeur de ces talents novices et convié à cet effet la cour et la ville. En conséquence, l'illustre Compagnie suppliait M. le lieutenant de police de ne point souffrir ce scandale et d'interdire la représentation. M. d'Argenson se laissa convaincre de bonne grâce et mit incontinent à la disposition des deux délégués un exempt et quelques archers, avec mission de les accompagner rue Garancière et de se saisir au besoin de la personne des comédiens improvisés.

Mais sans doute la force armée, une fois de plus, ne

fit-elle point suffisante diligence : car elle n'arriva que comme la tragédie s'achevait. Si bien que M. le doyen et son camarade Le Grand, en qui l'indignation n'avait pas étouffé toute curiosité, eurent encore le temps de remarquer un certain Minou, qui jouait Sévère — les annales du théâtre n'ont pas consacré sa jeune gloire, bien qu'il soit devenu, paraît-il, « un très grand comédien dans les pays étrangers », — et surtout « une petite bonne femme » d'environ quatorze ans, du nom d'Adrienne Couvreur, toute jolie, toute mignonne et qui, affublée, faute d'habits à la romaine, d'une robe empruntée à la femme de chambre de la présidente, récitait le rôle de Pauline d'une façon si naturelle, et, partant, si nouvelle à cette époque, que ces deux messieurs en demeurèrent, comme le public, à la fois ébaubis et charmés.

Il va sans dire que l'apparition de l'exempt et des archers dans la coulisse jeta la consternation dans la petite troupe, menacée d'être prise de corps pour avoir osé jouer « une des tragédies de Corneille, qui appartiennent à tout le monde, au préjudice des comédiens français à qui elles n'appartiennent pas... (1) ». Heureusement, la présidente crut devoir s'émouvoir de l'offense faite à sa demeure. Elle envoya immédiatement chez le lieutenant de police, et comme M. d'Argenson n'avait pas moins de considération pour la magistrature que pour MM. les comédiens français, il révoqua son ordre,

(1) Lemazurier. — *Galerie historique des acteurs du Théâtre-Français.*

mais à la condition que la représentation en resterait là : de sorte que *Le Deuil*, petite pièce de Haute roche et de Thomas Corneille, qui figurait aussi au programme, ne fut pas joué devant les invités de Mme Du Gué, lesquels durent ainsi, dirent les amateurs de bons mots, faire leur deuil de ce *Deuil*.

Tel fut l'humble début, le premier contact avec le public, d'Adrienne Couvreur qui, sous le nom de Mlle Le Couvreur — « cette reine parmi les comédiens » — fut pendant treize années, de 1717 à 1730, « l'étoile » de la Comédie-Française, et en demeure l'une des gloires les plus touchantes. Car elle ne fut pas seulement sur la scène l'incomparable interprète des chefs-d'œuvre de notre théâtre, elle fut, pendant toute sa courte existence, une femme exquise, tendre et raisonnable à la fois, généreuse jusque dans ses erreurs, joignant aux grâces passionnées de son sexe des vertus d'honnête homme, et dont la fin mystérieuse et prématurée, a écrit excellemment le regretté Monval, l'un de ses biographes — j'allais dire de ses amoureux — met sur la mémoire « comme un voile infiniment doux de mélancolique poésie et d'indulgente pitié (1) ».

La tragédienne de quatorze ans, qui avait eu l'honneur d'attirer sur sa tête enfantine les foudres de M. le lieutenant de police, requises par MM. les comédiens

(1) *Lettres d'Adrienne Le Couvreur*, publiées par Georges Monval, archiviste de la Comédie-Française. Plon, éditeur, 1892.

français, n'était pas une Parisienne de Paris comme on pourrait le croire, mais une Champenoise. Elle avait vu le jour, le 5 avril 1692, au village de Damery, distant de deux lieues d'Epernay. Son père, Robert Couvreur, était un modeste ouvrier chapelier qui, peu après cette naissance, transportait ses pénates non loin de là, à Fismes, dans le Soissonnais. C'est là que la petite Adrienne grandit, étonnant les gens par ses dons précoces. Une charmante et assez invraisemblable légende — car, dès qu'elle fut célèbre, elle eut elle aussi « sa » légende — rapporte que, tout enfant, elle récitait déjà des vers, d'elle-même et comme l'oiseau chante : à ce point que les bourgeois de la ville, bien que son père ne fût qu'un pauvre artisan, l'attiraient volontiers dans leurs maisons pour l'entendre. Quand elle eut dix ans, Robert Couvreur, pris d'ambition — car le siècle était non seulement celui des perruques mais aussi celui des chapeaux — décida d'aller s'établir à Paris et, bien qu'il soit téméraire d'attribuer la coïncidence à quelque dessein prémédité de la Providence, il se logea dans le voisinage immédiat de la rue des Fossés-Saint-Germain-des-Prés, où logeait aussi la Comédie-Française. Mais sans doute les parents d'Adrienne, quoique petites gens (à cette époque heureuse, les petites gens partageaient docilement les préjugés des classes supérieures), se seraient-ils signés à l'idée d'en faire une actrice : ils placèrent leur enfant dans l'Institution des Filles de l'instruction chrétienne de la rue du Gindre, aujourd'hui rue de Madame, également proche de leur humble logis. Leur sagesse resta vaine : il était écrit qu'Adrienne subirait la contagion de l'autre voisinage. Et il faut croire que la surveillance des bonnes religieuses n'était pas trop tracassière puisque, nous l'avons vu, au printemps de 1705, leur pensionnaire — peut-être, il est vrai, sautant le mur — avait pu, à quelques pas du couvent, répéter à loisir toute une tragédie de Corneille, en compagnie de quelques galopins de son âge, piqués de la même tarentule, dans l'arrière-boutique de l'honnête épicier de la rue Férou.

Ce fut de tout temps un démon redoutable que celui du théâtre, qu'il s'affuble du masque de la souriante comédie ou de celui, plus décevant encore, de la noble tragédie. Malheur aux jeunes êtres qu'il tente, surtout s'ils appartiennent à ce sexe dont l'apparente frivolité — peut-être au fond n'est-elle que sagesse ? — préférera toujours d'instinct la gloire de plaire au jour le jour à ces lauriers plus durables qui ne fleurissent qu'après nous, et sans nous, dans les jardins de la postérité. Il ne lâchera plus ses victimes ; elles resteront toujours sous son emprise, dût-il finalement les conduire à l'hôpital, aboutissant ordinaire de trop tenaces illusions. Sans doute, de ce démon du théâtre notre petite Adrienne était-elle déjà irréparablement possédée : car, les premières frayeurs dissipées, elle ne songea plus qu'à braver, elle chétive, la défense de M. le lieutenant de police et à trouver un moyen de reprendre ailleurs les représentations interdites rue Garancière. A cet effet, elle réunit de nouveau, pour tenir conseil, la troupe de *Polyeucte* dans l'arrière-boutique épicière ; et l'un des protagonistes, « Félix », le père de « Pauline », de son état saute-ruisseau chez un procureur, et en cette qualité plus ou moins frotté de procédure, proposa à ses associés de se réfugier dans l'enclos du Temple, appartenant à l'ordre de Malte, sous la protection du Grand-Prieur, M. de Vendôme. Cet enclos, qui pouvait contenir environ douze cents feux, était lieu d'asile : à la condition que l'affaire fût purement civile, aucune personne ayant maille à partir avec la justice ne pouvait y être appréhendée. C'était là notamment que cherchaient abri, pour y exercer en paix leur métier, nombre de petits artisans, travailleurs isolés, que la tyrannie des corporations pourchassait abusivement dans l'intérieur de la cité. Le cas de jeunes tragédiens libres, persécutés par MM. les comédiens du Roi, ressemblait singulièrement à celui de ces humbles et sympathiques réfugiés, et l'ingénieux « Félix » n'eut pas de peine à en faire la démonstration. On décida donc d'aller en corps demander asile à M. de Vendôme.

Cet arrière-petit-fils de Henri IV était fort jaloux du privilège attaché à l'antique enceinte dont il avait la garde et aussi le considérable revenu. Il accueillit avec bonté la supplique de la petite Adrienne et de ses camarades : et les jeunes amateurs purent donner au Temple trois représentations supplémentaires qu'il honora de son auguste présence. Mais la quatrième n'eut pas lieu. L'inévitable discorde s'était mise au camp de ces artistes en herbe, jaloux les uns des autres comme s'ils fussent déjà chevronnés dans la profession : et la troupe se dispersa soudain, en un moment, comme une volée de moineaux francs.

Mais le destin veillait, attentif à maintenir Adrienne dans la voie qu'il lui avait choisie. Par une coïncidence digne d'admiration, le comédien Le Grand, celui qui, flanqué des archers requis par MM. les sociétaires, avait assisté aux dernières scènes du *Polyeucte* de l'hôtel Du Gué, ce même Le Grand se trouvait avoir pour blanchisseuse la propre tante du petit prodige dont les étonnantes dispositions l'avaient frappé. Et ce lui fut, ayant appris cette parenté, un motif de plus de s'intéresser à la nièce. Il se rendit en curieux aux représentations du Temple et son impression continua d'être si bonne qu'un jour où la tante Couvreur lui rapportait son linge, il proposa de donner des leçons à la petite Adrienne. Ce n'était point une offre à dédaigner, et l'apprentie tragédienne ne pouvait mieux tomber.

En effet, le sieur Le Grand (Marc-Antoine), qui tenait à la Comédie l'emploi des rois de tragédie, était, ainsi qu'il arrive quelquefois, un acteur assez médiocre mais un excellent professeur. Il était par surcroît fort honnête homme, et même, dans l'occasion, homme d'esprit. Quelques-unes de ses saillies étaient fameuses. D'un physique peu avantageux, gros et court, il avait, quoique tragédien, le facies d'un comique. Un jour qu'il avait été sifflé à plusieurs reprises dans le rôle de Thésée, il s'interrompit pour haranguer le parterre et, après quelques plaisanteries faites de bonne grâce sur lui-même, il termina son discours par ces mots : « D'ailleurs, messieurs, il vous est plus aisé de vous faire à ma figure qu'à moi d'en changer. » Et le public, ayant ri, fut désarmé. Une autre fois, étant en promenade avec des amis, comme il venait de faire l'aumône à un mendiant, celui-ci, par remerciement et suivant l'usage du temps, se mit à psalmodier un *De profundis.* « Dis donc, l'ami, fit l'acteur, est-ce que tu me prends pour un trépassé ? Au lieu de ton *De profundis*, chante-moi plutôt le *Domine salvum fac regem*, car deux ou trois fois la semaine, je fais les rois. » Le Grand était aussi à ses heures auteur dramatique en vers et en prose. On lui doit de petites comédies bouffonnes et des parodies qui, presque toutes, eurent du succès et restèrent au répertoire.

Ce brave homme et ce bon vivant se fit donc le professeur bénévole de la jeune Adrienne. Il la prit bientôt en affection, et, en tout bien tout honneur, la logea chez lui. Il la fit travailler, avec zèle et intelligence. Capable de donner aux autres toutes sortes d'excellents conseils qu'il était inhabile à suivre, ingénieux à leur trouver des intonations qu'il était incapable de réaliser pour son propre compte, il assagit encore le débit d'Adrienne, l'inclinant de plus en plus vers ce naturel qui, dès le premier jour, l'avait charmé. Il assouplit ou élargit son geste. Et comme sa petite amie n'était pas qu'une élève docile, mais qu'elle avait, comme on dit, « le feu sacré », elle fit en peu de temps des progrès si surprenants qu'il n'hésita point à la produire sur quelques-uns de ces « théâtres de société » dont la mode subsistait tenace, en dépit de l'hostilité tracassière de MM. les comédiens du Roi et de règlements que l'excellent Le Grand, désireux de voir son enseignement triompher sur ces scènes particulières, n'hésitait pas à enfreindre pour la circonstance.

Ces essais devant un public choisi, et partant plus difficile, se poursuivirent avec un si beau succès que le père Couvreur — dont les affaires chapelières allaient de mal en pis — sentit faiblir ses scrupules et se décida à laisser son rejeton se lancer dans cette carrière du théâtre trop souvent fatale à la vertu des débutantes, quand elles sont jolies, mais qui peut procurer à ses élues une gloire entre toutes flatteuse et des avantages sonnants dont une famille avisée peut faire son profit. Il fut donc entendu qu'Adrienne chercherait un engagement. Et, naturellement, ce fut son bon maître Le Grand qui le lui trouva, non pas à Paris, comme l'eût peut-être souhaité la jeune ambitieuse, mais en province : car le comédien, bon juge en la matière — il avait lui-même longtemps couru les chemins, et jusqu'en Pologne — tenait la province pour le milieu le plus favorable aux premières floraisons des jeunes talents ; elle était, d'après lui, la meilleure école « et la vraie pépinière de la Comédie-Française ».

Une de ses camarades, Elisabeth Clavel, veuve Fonpré, venait justement de solliciter et d'obtenir la direction du théâtre de Lille, MM. de la rue des Fossés-Saint-Germain-des-Prés se gardant bien de la retenir : car ladite demoiselle (c'est le titre qu'on donnait aux actrices, qu'elles fussent ou non mariées) n'avait guère plus de talent que feu son mari, comédien comme elle, et qui, de l'avis général, n'en avait aucun. Le Grand mena donc la jeune Adrienne à Mlle Fonpré, à qui elle récita, en manière d'audition, quelques scènes du *Cid*. Ayant plu, elle fut engagée séance tenante. Et c'est alors que, sans doute sur le conseil de Le Grand, elle prit le nom de Le Couvreur, comme plus distingué que celui de Couvreur : car les noms propres écrits en deux mots eurent toujours en France un air, vrai ou faux, d'aristocratie, et l'article *Le* ou *La*, à condition d'être séparé du reste, valait presque une particule.

La jeune fille partit donc pour Lille, où le père Couvreur, voyant déjà son enfant sur le chemin de la fortune et envoyant décidément au diable ses chapeaux, tint à la suivre. Rien toutefois ne permet d'affirmer — bien que cela ne soit pas absolument invraisemblable — que l'ex-ouvrier chapelier, revenu de ses préventions contre le théâtre, ait tenu dès lors, en marge de l'existence plus brillante que régulière de la comédienne, le personnage discret de ce père qu'un spirituel écrivain devait nous peindre plus tard sous les traits inoubliés de M. Cardinal. Mais, en eût-il été ainsi, il ne conviendrait pas de se montrer trop sévère pour la prospérité éphémère de ce pauvre homme. Il eut une fin tragique : devenu fou et enfermé à Charleville, il devait y mourir, après avoir mis le feu aux quatre coins de son cabanon, et brûlé jusqu'à son lit.

CHAPITRE II

La Province et les premières aventures

De même que le sieur Le Grand, acteur presque ridicule, était un remarquable professeur, de même Mlle Fonpré, comédienne plus que médiocre, passait pour une excellente directrice. Son théâtre provincial était des plus prospères et il était aimé des Lillois au point qu'en 1708, pendant le siège et le bombardement de leur ville par M. le duc de Marlborough, les représentations ne furent pas interrompues et demeurèrent tout aussi fréquentées. Et il n'y a pas là de quoi surprendre outre mesure les Parisiens qu'on vit, il n'y a pas beaucoup de temps encore, s'empresser aux guichets de leurs théâtres malgré la menace permanente des avions ennemis et des obus de la grosse Bertha. Le même phénomène, d'ailleurs, n'avait-il pas été déjà observé en 1870, pendant le siège de Paris? Et cet exemple, plus ancien encore mais moins connu, du siège de Lille, n'achève-t-il point de nous donner à penser que cette apparente frivolité de la foule est décidément inhérente à ce qu'on pourrait appeler l'âme obsidionale, et qu'en ces heures critiques une sorte de fièvre de plaisir soutient et nourrit l'héroïsme de la cité.

Ce fut peu de temps avant l'investissement de la ville qu'Adrienne fut engagée au théâtre de Lille : elle fit donc ses débuts pendant le siège et au fracas épique du canon. Et l'on peut dire que ce n'eût pas été là un médiocre apprentissage pour une future interprète du grand Corneille. Mais le privilège n'était que pour la comédie, à l'exclusion de tout autre spectacle : la petite tragédienne de la cour de la rue Garancière n'eut donc pas l'occasion de faire valoir les dons exceptionnels qui avaient enthousiasmé le bon et clairvoyant M. Le Grand. Elle plut cependant.

Elle ne plut même que trop. Il y avait dans la troupe un comédien du nom de Clavel, qui, après un court passage à la Comédie-Française, s'était décidé, lui aussi, pour la province. Les contemporains s'accordent à dire qu'il était honnête homme et ne manquait ni d'esprit ni d'un certain talent. Il était par surcroît le frère de la directrice, Mlle Fonpré. Sans doute, quoique assez jeune encore, avait-il déjà le goût des fruits verts, des tendrons, comme on disait alors. Les seize ans de sa petite camarade le tentèrent : elle était d'ailleurs charmante, avec ses cheveux blonds cendrés, ses yeux ingénus et souriants et sa joue en fleur. Il lui fit la cour. Et celle qui devait devenir la comédienne la plus adulée de son temps, voir un jour à ses pieds la cour et la ville et jusqu'à des princes. eut comme premier amant un modeste acteur de province et n'échappa point à cette destinée des débutantes qui semble être, presque toujours, de recevoir d'un camarade l'initiation galante et ce qu'on pourrait appeler le sacrement du théâtre. Un tel accident — dont l'amie du comte de Saxe aurait peut-être eu dans la suite la faiblesse de rougir, si les femmes n'étaient douées d'une si secourable puissance d'oubli — un tel accident n'a pas besoin d'excuse, étant pour ainsi dire professionnel. Au théâtre, la camaraderie ne prend que trop facilement la forme tendre. Dangereuse est cette familiarité qu'engendre, de comédien à comédienne, la pratique passionnée de leur art. Les galanteries soupirées sur la scène en récitant un rôle, la tentation vient vite de se les redire pour de bon derrière le décor ou à la ville. Et à cette considération s'en ajoute une autre, de psychologie générale : Adrienne était jeune, et à l'aube de la vie, tous tant que nous sommes, nos premières dilections vont d'instinct vers nos pareils : la conformité des goûts nous attire, l'égalité des conditions nous rassure. Ce n'est que plus tard, quand les expériences nous ont aguerris et que le démon de l'aventure nous tourmente, que nous recherchons hardiment et de préférence nos contraires.

Quoi qu'il en soit, Adrienne devint la maîtresse de Clavel. Il est probable qu'ils vécurent d'abord en ménage, elle gardant le logis, aussi tendre que le permettait une santé déjà délicate, lui bientôt blasé sur sa bonne fortune et courant les chemins à toute occasion, sous prétexte de trouver quelque engagement plus avantageux. Et c'est sans doute au temps de leur trop courte lune de miel, éclairant un ciel que ne semblent pas avoir visité les beaux orages de la passion, qu'il faut reporter cette lettre, écrite par la jeune comédienne au cours d'une absence de son ami, qui était allé à Paris :

A monsieur Clavel,

Je viens de recevoir enfin cette lettre tant souhaitée, et pour laquelle Notre-Dame-des-Carmes a été si fort étourdie. Je te puis assurer, mon cher ami, que je n'ai point eu de repos depuis ton départ, tant par l'inquiétude où j'étais de ne point recevoir de tes nouvelles que celle de me voir incommodée comme je la suis. J'espère par la suite me porter beaucoup mieux, puisque j'ai lieu de croire que tu m'aimes toujours et que tu te portes bien. Conserve-toi, je t'en conjure ; tu ne saurais me faire plus de plaisir puisque ta santé m'est aussi chère que la mienne. La Dupairé (*comédienne de la troupe*) a reçu aujourd'hui une lettre de Mlle Hérissé où elle lui parle de vous. Elle dit que vous les allez voir fort souvent, que même vous deviez souper ensemble le jeudi prochain. Vous faites fort bien, et je serai ravie d'apprendre que vous vous réjouissiez, pourvu qu'il n'y aille rien du mien et que vous ne m'en écriviez pas moins pour cela. J'ai eu aussi une autre lettre par laquelle j'ai su qu'effectivement on tâchait de vous faire rester à Paris et que vous paraissiez fort embarrassé, à cause de l'engagement où vous êtes avec Son Altesse Royale. Je ne doute point que depuis que cette lettre a été écrite vous n'ayez pris votre parti, comme vous me le marquez par la vôtre, et je crois même,

ADRIENNE LE COUVREUR,
par FONTAINE

s'il faut vous l'avouer, que j'en suis un peu cause. Peut-être me flatté-je trop, mais je crois que c'est rendre justice à mon pauvre Clavel. Oui certainement, je te crois un bon cœur et par conséquent fidèle à ta pauvre Le Couvreur qui t'aime plus qu'elle-même. Je te dirai pour nouvelles que Mme de Léry a hérité de soixante mille écus, et cela par la mort d'une belle-mère qui avoit cent trois ans. Je reçois tous les jours de nouvelles marques de sa bonté. Elle me disait dernièrement que, pour le peu que je doutasse de toi, elle seroit ta caution. Enfin, elle t'estime et t'aime infiniment, et t'en auroit donné des preuves plus sensibles si tu n'étois pas si aimable et si elle n'avoit pas craint de faire parler. Ce sont ses propres termes et je n'y ajoute rien. Comme elle part incessamment pour Paris, elle m'a dit de te prier de mettre ses mules entre les mains de M. Moron, suisse de M. le comte d'Armagnac aux grandes écuries du roi..... La Chauvert (*ou Châteauvert, une de leurs camarades*) est aussi venue me tourmenter pour te prier de lui rapporter une paire de bas de soie couleur de rose vif et une couple d'éventails de trente sols la pièce. Je lui ai dit que tu avois bien des commissions, que je doutois fort que tu fisses avec, que l'on ne t'avoit point lâché d'espèces : mais elle n'a pas compris ce que cela vouloit dire et m'a répondu seulement qu'elle te rendrait l'argent sitôt que tu serais arrivé. De cela tu feras tout ce que tu voudras : certainement, il ne m'importe guère que tu la satisfasses ou non. Adieu, mon cher ami, je t'embrasse de tout mon cœur et te jure une fidélité à toute épreuve (1).

Cette lettre est intéressante à plusieurs points de vue. D'abord — et ceci surtout est à retenir — elle prouve qu'Adrienne dès sa jeunesse se plaignait de sa santé :

(1) *Lettres d'Adrienne Le Couvreur*, publiées par Georges Monval. Librairie Plon, 1892.

et nous savons par ce qui nous a été conservé de sa correspondance que ce mal qui l'éprouva toute sa vie, qui, à plusieurs reprises, l'éloigna temporairement de la scène, fut précisément celui dont elle devait mourir. Nous y trouvons aussi de précieux renseignements sur ce que fut sa liaison éphémère avec Clavel, cette liaison qu'il ne dépendit que de lui de transformer en mariage et qui l'eût été, semble-t-il, tout naturellement, tant on devine la jeune personne sage et raisonnable en dépit de la phraséologie de rigueur.

Cependant le couple n'était pas riche. Mlle Fonpré, directrice sérieuse, n'allouait à ses pensionnaires que des cachets aussi peu élevés que possible. Et à représenter devant le public tant de comtesses, de marquises, voire de reines, la jeune comédienne prenait peu à peu des goûts de luxe qu'il lui semblait au-dessus de ses forces de ne pas satisfaire. Etant femme, elle était coquette, elle aimait les bijoux et les belles robes et, de jour en jour, ce que les gens économes appellent le superflu lui devenait de plus en plus nécessaire. Bientôt elle fut criblée de dettes. Nous avons dit que Clavel était homme d'esprit : il comprit que le moment venait de laisser galamment à son amie quelque liberté de se tirer d'affaire. Il réussit par ses relations à lui procurer un engagement au théâtre de Lunéville, qui appartenait à Mgr le duc de Lorraine, et qui était à peu près à celui de Lille ce que, de nos jours, la Comédie-Française peut être à l'Odéon ; et l'on profita du déménagement pour interrompre sans fracas la vie commune. L'ami d'Adrienne demeura à Lille, dans la troupe de sa sœur ; et les deux amants, qui ne s'aimaient plus assez pour faire l'effort d'une brouille, trouvèrent suffisant de ne rester désormais unis que par le lien d'une affectueuse et régulière correspondance.

Adrienne, bouton qui, peu à peu, s'épanouissait en rose, jeune talent qui marchait d'un pas sûr vers la célébrité, n'eut pas moins de succès dans la brillante capitale lorraine que dans la bourgeoise cité flamande : tout de suite elle fit les délices de la cour ducale. De beaux seigneurs s'empressèrent autour d'elle ; et comme elle était revenue de la superstition de ne jeter les yeux que sur ses pareils, elle ne se fit point faute d'accueillir ces hommages, tout en gardant honnêtement son cœur au camarade Clavel. Ce fut même tout ce qu'elle lui garda, si l'on en croit — et il faut bien l'en croire — certain acte de baptême en date du 3 septembre 1710, mentionnant la naissance d'une petite Elisabeth-Adrienne, son premier enfant, inscrite comme fille de « Philippe Le Roy, officier de Mgr le duc de Lorraine ». Et Clavel, sans doute, ne fut pas le dernier à être informé et à faire son compliment sur l'événement, bien qu'on ne semble point lui avoir demandé d'être parrain.

Quel était ce Philippe Le Roy ? L'histoire ne le dit

pas, et en tout cas, sous ce nom vrai ou supposé, il ne fut sans doute qu'un passant dans la vie galante d'Adrienne : après l'expérience de Clavel, la fille du chapelier Couvreur semble avoir été fort tentée de lancer pour de bon son jeune bonnet par-dessus les moulins. Et peut-être en effet, à ce tournant de sa vie, « celle qui n'eut jamais à rougir de son cœur et dont la chronique scandaleuse devait respecter le nom (1), » la charmante femme qui demeure une des gloires les plus nettes de la scène, eût-elle, arrivée au carrefour fatidique, choisi sans trop de répugnance (2) le chemin facile dont se détournent les sages, si, brusquement, le Destin, par une faveur qui n'en est pas toujours une, ne lui avait révélé l'amour-passion — qu'on nous pardonne de parler déjà comme Stendhal — cet amour véritable pour quoi elle était faite, et que cependant, à l'exemple de tant de femmes qui pensent n'avoir plus rien à connaître de l'amour, elle n'avait pas encore connu.

Dans les environs de Lunéville tenait garnison un des plus beaux régiments de France, le régiment de Picardie, qui avait pour colonel le prince de Montbazon, de la maison de Rohan. Ce régiment avait combattu partout dans les récentes guerres, sous Villeroi, Boufflers et Villars. Son drapeau semé de lys avait glorieu-

(1) Cf. G. Monval, ouvrage déjà cité.

(2) Elle écrivait un jour à un ami : « Ma folie est de penser que je serois plus heureuse si j'étais extrêmement déraisonnable. »

sement flotté dans vingt batailles et son corps d'officiers, brillant entre tous, se recrutait parmi les familles les mieux titrées du royaume. Ces messieurs, bien que n'étant pas au service de M. de Lorraine, ne se faisaient pas scrupule de profiter du voisinage de Lunéville et s'offraient volontiers la distraction de son théâtre. L'un de ces spectateurs de choix était le jeune baron D... Plus qu'agréable de visage, portant avec élégance son bel uniforme de capitaine, distingué sans raideur, réservé sans timidité, ce fils de famille réalisait si bien dans toute sa personne le type idéal du héros de roman, que ses camarades lui avaient donné plaisamment le surnom de « Nemours », par allusion à la *Princesse de Clèves*, le livre de Mme de La Fayette, dont la vogue près des honnêtes gens n'était pas encore épuisée. Il était d'ailleurs réellement une manière de héros, ayant été blessé à Ramillies d'un coup de feu qui lui avait traversé la poitrine de part en part. Ce jeune baron, qui avait du jugement et ne s'embarrassait pas de contredire à la mode quand il ne l'approuvait point, estimait qu'on va au théâtre pour voir plus que pour être vu. C'est pourquoi, au lieu de prendre place sur la scène même, sur les chaises réservées aux petits-maîtres, aux messieurs du bel air, qui tenaient à honneur de se montrer aux spectateurs en une sorte de familiarité avec les acteurs et surtout les actrices, il assistait modestement au spectacle du fond d'une loge, et généralement seul. Ainsi était-il plus apte à goûter entièrement un plaisir dont aucun voisin, aucun bavard surtout ne le distrayait.

Le hasard faisait que, bien qu'assez assidu aux représentations quand il se trouvait à Lunéville, il n'avait pas encore vu cette petite Le Couvreur qu'on commençait à porter aux nues : et la raison en était sans doute dans l'indiscrète venue au monde d'Elisabeth-Adrienne, qui avait été l'occasion d'une éclipse passagère pour le jeune astre du théâtre ducal. Elle reparut dans le rôle d'Angélique, épouse infidèle de l'infortuné George Dandin. Elle y était si parfaite, si ensorcelante pas sa fausseté décente, par sa perversité pudique, et si jolie par-dessus le marché, que le baron D..., qui se trouvait ce soir-là dans sa loge, en demeura charmé et comme ébloui. En sortant du théâtre, il s'enquit discrètement auprès d'une habilleuse des habitudes de la séduisante fille des Sottenville; et ayant appris qu'elle avait coutume d'aller chaque matin à la seconde messe de sa paroisse Saint-Jacques — car bien qu'excommuniée elle était pieuse, et la vierge sage, pas tout à fait vaincue, s'opposait encore en elle à la vierge folle — il fut l'attendre dès le lendemain à l'église. Quand elle arriva, toute blonde et toute mignonne sous ses coiffes, elle trouva debout près du bénitier un beau jeune homme, vêtu de l'uniforme d'officier du roi, qui s'inclina devant elle et, de la meilleure grâce du monde, lui offrit l'eau bénite. Un peu surprise, elle accepta cependant et s'étant dévotement signée, après avoir rendu le salut, elle se dirigea vers sa chaise. Elle le retrouva le lendemain à la même place, et ce fut la même scène silencieuse : leurs doigts se touchèrent encore, purifiés par l'eau sainte, et sans qu'une parole fût échangée. Mais le troisième jour, comme il était encore là, au moment où il allait renouveler son geste de sa main dégantée et qu'il avait fort belle, elle l'arrêta et le regardant en face — car l'habitude des planches, sans la rendre effrontée, la préservait d'être timide :

— Monsieur, dit-elle en souriant, je ne savais point que M. l'archiprêtre eût engagé un nouveau donneur d'eau bénite...

Mais au lieu de lui répondre, il lui prit la main ; et, déjà obéissante, ravie de ne pas se sentir la volonté de résister, elle se laissa conduire doucement hors de l'église, l'approuvant dans son cœur de témoigner ainsi qu'il avait de la religion lui-même et qu'il respectait le saint lieu.

Quand ils furent sous le porche, gardant à la main son chapeau galonné d'or, il lui dit qu'il l'aimait d'une amour sans seconde et qu'il la suppliait de lui pardonner d'avoir imaginé ce moyen de se donner la joie — n'ayant point la témérité d'en espérer d'autres — d'effleurer une ou deux fois cette petite main, du bout de ses doigts. Il l'assura que son plus cher désir, depuis qu'il l'avait vue, était de vivre et de mourir pour son service, lui débitant toutes ces douces choses excessives qui semblent des fadeurs quand on n'aime pas, mais qui prennent, à les entendre, une force singulièrement persuasive pour un cœur épris.

Et sans doute Adrienne à son insu aimait-elle déjà. Car elle écoutait ravie, et elle ne songea même pas à simuler si peu que ce fût de cette fuite vers les saules, qui constitue l'A B C de la tactique féminine depuis Galatée. C'était l'été, la matinée était tiède et parfumée : s'écartant de la foule importune, ils allèrent s'asseoir sur un banc solitaire du cours Léopold, et ce fut là, à l'ombre des tilleuls séculaires, qu'ils échangèrent leur premier baiser.

Les amants heureux n'ont pas d'histoire, ou plutôt l'histoire de leur bonheur ne s'écrit pas. Il est fait, au jour le jour, de futilités charmantes, de tout petits événements n'ayant d'importance ou de signification que pour eux. Contentons-nous donc de dire que ceux-ci goûtèrent avec la sincérité et l'ardeur de leur âge toutes les délices d'un juvénile et parfait amour. Chacun d'eux, dès la première rencontre, avait reconnu dans l'autre, à des signes mystérieux et certains, cette moitié de soi-même que tout être attend vaguement depuis qu'il est né. Ce fut véritablement ce qu'on a appelé depuis le coup de foudre.

Comme toutes les trop belles choses de ce monde, le bonheur d'Adrienne devait être court — sa durée ne dépassa guère une année — mais il embauma toute sa vie. Le jeune D... fut vraiment le seul homme qu'elle ait aimé avant de rencontrer le futur vainqueur de Fontenoy, qui fut aussi son grand vainqueur : et il est probable qu'aux heures où le volage comte de Saxe lui donnait quelque trop bonne raison de maudire l'existence, son souvenir se reportait avec une mélancolie pleine de larmes aux rapides beaux jours de Lunéville.

Toute à sa passion, et pour n'être séparée que le moins possible de celui qu'elle aimait, la comédienne partageait sa vie entre la capitale lorraine, où elle continuait à être l'actrice fêtée, et la ville, toute voisine, où le régiment de Picardie tenait garnison.

Ce fut pendant un de ces séjours — le dernier — que le dieu jaloux des félicités humaines la frappa en plein cœur et, lui ayant révélé l'amour, lui apprit aussi la douleur. Au cours d'une promenade où le jeune baron D..., qui passait pour le meilleur cavalier du corps d'officiers, s'était assez follement entêté à maîtriser un cheval particulièrement difficile, la blessure qu'il avait reçue à Ramillies se rouvrit. Il fut pris d'un crachement de sang et on n'eut que le temps de le transporter chez lui, où il mourut en quelques heures, entre les bras de son amie. Le désespoir de la jeune femme, ainsi précipitée du faîte d'un bonheur qu'elle pensait ne devoir pas finir, fut affreux et, pendant quelque temps, on craignit qu'elle n'attentât à ses jours. Elle y pensa certainement ; mais heureusement pour la scène française, elle était femme et le courage lui manqua. N'ayant pas eu la force de mourir, elle se dut résigner à vivre.

Mais le séjour de Lunéville lui était devenu odieux : chaque rue, chaque maison presque, réveillait en elle quelque souvenir de ce passé si proche et pour toujours évanoui ; et tout en ignorant jusqu'au nom de Dante, elle éprouvait la vérité profonde et cruelle de cette parole du grand Florentin, qu'il n'est pas de pire torture que de se rappeler ses beaux jours, quand on a cessé d'être heureux. Elle ne pouvait plus entrer à Saint-Jacques, ni traverser le cours Léopold sans fondre en larmes. Elle prit le parti de se dépayser au plus vite ; et avant la fin de l'année 1711, elle signait un engagement avec le théâtre de Strasbourg, un des plus prospères de province, et protégé lui aussi par Mgr de Lorraine.

Comme celui de Lunéville, il était fréquenté par la garnison, qui entrait gratis, à l'exception des capitaines et des officiers supérieurs. Devant ce public nouveau, tant civil que militaire, Adrienne retrouva les triomphes auxquels elle était accoutumée : et comme, si affligée qu'elle fût elle demeurait tout de même comédienne, elle commença à se réconcilier un peu avec la vie. Son cœur, qui ne s'était prouvé que trop sensible, ne l'empêchait pas d'avoir de la raison. Et cette raison, aux heures de trêve, lui disait, ce que d'abord elle se refusait à entendre, que le passé, quelque révolte que nous en ayons, est chose morte, que nos larmes ne le ressuscitent point, et que, sous peine de renoncer nous-mêmes à vivre, il faut résolument regarder vers l'avenir. Et, mûrie par la souffrance, plus habile à passer au crible les espérances et les illusions, elle examinait de sang-froid sa situation présente, en dressait pour ainsi dire le bilan. Première actrice du théâtre de Strasbourg, elle touchait des appointements de deux mille livres, somme appréciable pour l'époque : mais pendant sa liaison avec le jeune D..., prodigue lui-même et à qui la pension qu'il recevait de sa famille était loin de suffire, elle s'était de plus en plus endettée. Et la disparition de son amant n'étant pas de nature à faire patienter ses créanciers, bien au contraire, elle prévoyait à bref délai les pires ennuis. Elle savait par l'exemple de maintes camarades combien de femmes, au théâtre, jeunes, jolies et heureusement douées, gâchent irrémédiablement leur destinée, faute d'avoir su, au bon moment, mettre de l'ordre dans leur vie. Plus raisonnable et plus vaillante, elle était prête à l'effort nécessaire, mais à la condition d'y être aidée, encouragée, moins encore peut-être par des conseils que par une présence : car elle avait peur de la solitude, et même ayant de bonne foi renoncé à l'amour, elle sentait, comme presque toutes les femmes, le besoin d'un compagnon sur qui s'appuyer. Bref, elle songea à donner un vrai père à sa petite fille et, à l'imitation de celles de son état qu'on voyait bien tourner

— il y en avait déjà quelques-unes — à fonder à son tour un foyer. Et dans cette disposition d'esprit, il était naturel qu'elle se ressouvînt de Clavel, ayant bien envers lui quelques torts, mais ne demandant qu'à les oublier.

Quelque ralenties qu'eussent été leurs relations, elles n'avaient pas cessé et il semble qu'ils s'écrivaient encore de temps à autre, même au cours de l'idylle, si tragiquement interrompue, avec le baron D... Clavel ne fut donc pas trop surpris de recevoir, au début de l'automne de 1712, une lettre datée de Strasbourg : et sans doute ne commença-t-il à l'être que lorsqu'il eut compris qu'en somme on ne lui proposait rien de moins que le mariage. Cette lettre est à citer presque tout entière, tant elle recèle, entre les lignes, de curieuse diplomatie féminine : Adrienne s'offre sans s'offrir, elle est tendre mais non sans prudence, ni même, dans les premières phrases, un air de cérémonie fait pour étonner un peu. Et bien qu'on la sente secrètement désireuse de persuader Clavel, elle prend soin de ne pas trop s'avancer, afin que sa fierté demeure indemne au cas où l'on ne s'entendrait pas :

Strasbourg, septembre 1712.

Je ne sais guère ce que je dois penser de votre négligence, mon cher monsieur, dans un temps où tout est propre à m'alarmer. Je suis dans une situation qui me donne tout le temps de réfléchir à mes affaires. Il semble que je devrais être la personne du monde la plus tranquille et c'est cependant tout le contraire : car je doute qu'on puisse être plus agitée que je la suis, sans pouvoir toutefois déclarer mon trouble à nul autre qu'à vous. Vous seul pouvez calmer toutes mes inquiétudes. Que dis-je, vous seul ? Non, il ne serait pas en votre pouvoir de les finir toutes à présent. Il n'est que le temps qui puisse me consoler ou m'affliger encore plus que je ne la suis. En attendant pourtant, je chercherai chez vous tout ce qui pourra me faire oublier ce que je crains présentement... Soyez toujours persuadé que je vous aime pour vous-même cent fois plus que pour moi. Le temps vous prouvera, mon cher Clavel, ce que je vous jure aujourd'hui. Ayez toujours pour moi les sentiments que j'aurai pour vous toute ma vie, et je serai contente, car je borne là toute mon ambition... Vous pouvez me voir avant qu'il soit deux jours comme à l'ordinaire, sans que personne y puisse trouver à redire, et sans pourtant vous engager plus que vous ne l'êtes. Car, au bout du compte, on ne vous forcera jamais de faire ce que vous ne voudrez pas. Moi-même, avec toute l'inclination que j'ai pour vous, je serais au désespoir si vous faisiez quelque chose pour moi avec répugnance. Songez-y bien, vous êtes encore maître. Figurez-vous que je n'ai rien et que je dois beaucoup, que vous trouverez plus d'avantage ailleurs. Je n'ai pour moi que la jeunesse et la bonne volonté, mais cela n'accommode pas les affaires. Je vous parle sans fard comme vous voyez, et je vous dis ingénuement ce qui peut vous faire songer à moi comme ce qui vous en doit détourner. Voilà une occasion de prendre votre parti. N'ayez nulle considération. Ce sera en avoir que de me déclarer vos sentiments au juste.

Ce que je vous dis ici n'est point ou par caprice ou par détachement. Je vous aime plus que jamais, mais la raison me force de vous parler ainsi. Au nom de Dieu, faites-en de même et ne vous mettez point en état de vous reprocher jamais rien sur mon chapitre. Ne me promettez rien que vous ne me vouliez tenir, me dussiez-vous promettre de me haïr : il me semble que cela me serait plus doux que de me voir trompée. Après tout, c'est une manière de m'exprimer, car je ne vous crois pas assez ingrat pour me haïr. Je vous le dis encore, mon cher Clavel, j'aime plus vos intérêts que les miens. Prenez le parti qui vous fera le plus de plaisir... Agissez en honnête homme comme vous l'êtes, et suivez votre inclination sans vous informer de ce qui pourra arri ver. Je prendrai mon parti de manières ou d'autres avec le plus de facilité qui me sera possible, soit que je vous possède ou que je vous perde. Si je vous ai, j'aurai le déplaisir de ne pas vous rendre aussi heureux que je voudrais. Mon bonheur me fera peut-être oublier cette peine... Mais non, quelque chose qui arrive, je me reprocherai toujours de ne pas vous mettre sur le trône comme je le souhaiterais. Si je vous perds, je tâcherai au moins que ce ne soit pas tout à fait, et je me conserverai toujours quelque part dans votre estime. Si vous êtes heureux, j'aurai le plaisir de le savoir et de ne l'avoir pas empêché. Si vous ne l'êtes pas, ce ne sera pas moi du moins qui en serai cause et *je tâcherai de me consoler de quelque manière que ce soit.....*

Et après cet avertissement, le paragraphe final, sauvegardant un amour-propre qui pourrait, en cas de refus, se trouver assez compromis dans l'affaire :

Mais prenez-moi au mot, car je ne me trouverais peut-être de ma vie dans les sentiments où je me trouve, et d'ailleurs vous me ferez moins de tort en prenant votre parti présentement que dans quelque temps d'ici. Adieu, mon cher Clavel, je vais vous envoyer ceci le plus vite qu'il me sera possible, car je sens bien que je pourrais me repentir de tout ce que je vous écris. Donnez-moi de vos nouvelles quelque parti que vous preniez et me croyez toujours votre fidèle.

(Pas de signature) (1).

Cette lettre, sans doute pour se faire mieux entendre, était fermée d'un petit cachet de cire rouge, représentant un Amour appuyé sur son carquois, et trois cœurs, avec cette devise : « Je les quitte pour vous. »

Mais Adrienne s'est abusée : Clavel fera la sourde oreille. La reconnaissance qu'on lui suppose des bontés qu'on a eues jadis pour lui ne va pas jusqu'à lui commander de faire, après deux ans et au lendemain de quelle retentissante aventure, une madame Clavel de la charmante infidèle. Peut-être aussi croit-il plus à la vaillance d'Adrienne qu'à son avenir. Quel est le comédien qui consent à accorder du génie à une maîtresse, quand celle-ci est elle-même comédienne et a joué sur le même théâtre que lui ? Quoi qu'il en soit, il n'hésita pas à mériter ce reproche d'ingratitude contre lequel on le mettait en garde si honnêtement ; et du jour où il comprit ce qu'on attendait de lui, il disparut comme par enchantement. Notre petite veuve de la main gauche, déçue dans son espoir de refaire sa vie avec le seul homme qui fût assez son obligé pour ne pas se montrer trop difficile, se retrouvait donc dans la même situation fâcheuse, c'est-à-dire avec des dettes et sans protecteur.

(1) Lettre publiée pour la première fois par M. Georges Monval, dans l'ouvrage précédemment cité. Elle fait partie de la collection de M. Eugène Charavay.

Adrienne, que son chagrin, qui durait encore, eût suffi, à défaut de sa nature délicate en toutes choses, à préserver de vulgaires galanteries, était cependant trop raisonnable, commençait à avoir trop d'expérience de la vie pour tomber dans l'excès de trop de vertu. Les larmes ne l'avaient pas enlaidie, bien au contraire. De plus elle était ravissante dans ses habits de deuil : car elle avait pris le deuil, pour l'ami défunt d'abord, et aussi peut-être parce qu'elle savait que le noir sied à merveille aux blondes. Mais il va de soi qu'au théâtre elle paraissait dans les costumes de ses rôles, de sorte que ceux qui l'avaient vue jolie dans la journée la retrouvaient le soir plus jolie encore, quoique autrement. Chaque fois qu'elle jouait, la salle était comble; et après la représentation, la fleur de l'aristocratie strasbourgeoise faisait invasion dans sa loge pour la complimenter. Un soir, on lui présenta un jeune gentilhomme à la figure sérieuse, aux yeux d'un bleu de *vergiss-mein-nicht*, et dont l'air timide contrastait avec une solide carrure d'Alsacien. Il se nommait le comte François de Klinglin, et était fils du préteur royal, le premier magistrat de Strasbourg. Sans avoir l'extérieur séduisant du jeune officier du régiment de Picardie, ce fils de famille était suffisamment bien de sa personne ; et, dès cette première entrevue, à un certain trouble qu'il paraissait ressentir et qui n'échappe jamais à une femme, elle devina sans peine qu'il était amoureux. Et elle lui octroya la permis-

PORTRAIT PRESUME
D'ADRIENNE LE COUVREUR.
Attribué à GREUZE

sion, sollicitée en balbutiant, de la visiter chez elle.

Trop fière ou trop habile pour l'encourager, flattée pourtant d'une conquête qui, par la condition du soupirant, n'était rien moins que négligeable, le cœur d'ailleurs encore à demi rempli de l'ancien amour, elle ne se refusa point la distraction de se laisser courtiser, à la manière discrète, à peine sensible à force d'être respectueuse, qui était celle de ce jeune Strasbourgeois aux larges épaules et aux yeux candides. Il la voyait presque chaque jour : le temps passait et il n'osait pas se déclarer, encore moins lui rien demander. Et comme elle ne se sentait pas entraînée à l'y aider, le cœur du trop timide amant menaçait de se consumer sur place, lorsqu'une de ces circonstances inattendues, que le Destin suscite et par lesquelles il se plaît à nous remettre dans ses voies, précipita, brusqua même le dénouement.

M. de Klinglin n'avait aucun droit sur la personne d'Adrienne, mais, l'aimant de passion, il ne pouvait se défendre d'être jaloux. Une nuit qu'il avait soupé en compagnie de camarades, rentrant chez lui sur le coup de deux heures, il ne résista point à la tentation de faire un détour pour passer devant les fenêtres de la bien-aimée. Il l'avait quittée à la fin de la journée : elle s'était dite fort lasse et, ne jouant point ce soir-là, elle avait annoncé son intention de fermer sa porte et de se mettre au lit « à l'heure des poules ». Et M. de Klinglin s'était réjoui dans son cœur d'un projet si sage : car, incapable d'audace, il était toujours hanté par la crainte d'un rival plus hardi, et partant plus heureux. Quelle ne fut donc pas sa surprise, lorsque arrivé devant la maison de son idole, il aperçut les fenêtres de la chambre à coucher largement éclairées ! A cette vue, le sang qui courait sous les joues roses du jeune Alsacien ne fit qu'un tour. Une sorte de frénésie s'empara de cet amoureux si calme. Se figurant que la perfide était avec un galant, et comme inconscient de ce qu'il faisait, il força la porte d'un violent coup d'épaule; et ayant à tâtons traversé l'antichambre, il gravit l'escalier en deux bonds et fit irruption dans la chambre à coucher où, en effet, des bougies brûlaient. Mais il s'arrêta dès le seuil, tout penaud, content cependant au delà de ce qu'on pourrait imaginer: Adrienne, coiffée d'un amour de petit bonnet rose, accoudée sur un oreiller de fine dentelle, lisait paisiblement dans son lit. A la vue de l'envahisseur, elle poussa un petit cri d'effroi. Mais au visage à la fois confus et joyeux du coupable, elle comprit vite qu'elle n'avait rien à craindre. On s'expliqua. M. de Klinglin fit sa confession, humblement, sans réticence. Osant enfin parler, il s'accusa de trop d'amour, et de la folie, plus puissante que sa volonté, d'être jaloux. Ce sont là des péchés qu'une femme est toujours disposée à absoudre. Et il faut croire qu'Adrienne, touchée d'être si sincèrement aimée, n'en marchanda point l'absolution, car cette nuit-là, dit l'histoire, M. de Klinglin ne rentra pas chez lui.

C'est sans doute aussi cette nuit-là que le fils du préteur royal, « dans un de ces moments où l'emportement de l'amour aplanit toutes les difficultés (1) », commit la généreuse imprudence de promettre le mariage à sa maîtresse pour le jour où il serait libre de disposer de son nom. La proposition s'accordait trop heureusement aux dispositions qu'Adrienne venait de se découvrir pour le sacrement et, d'autre part, était une trop belle revanche des dédains du roturier Clavel, pour ne pas être reçue avec des larmes de reconnaissance. Et si la gratitude suffisait à commander l'amour, il ne serait pas interdit de supposer que ce nouvel amant, devenu presque légitime, ait reçu, au moins un temps, les marques d'une tendresse égale à celle qu'on avait eue pour son prédécesseur le jeune D....

Quoi qu'il en soit, dès la seconde année de ces heureuses fiançailles, on vit la taille de la future comtesse s'arrondir, donnant de prochaines et trop douces espérances. Ce fut pour la famille du jeune Klinglin, laquelle voyait d'un mauvais œil sa liaison avec une comédienne, l'avertissement qu'il n'était que temps d'intervenir. Un parti avantageux se présentait pour lui. Le préteur royal fit venir son fils et le mit en demeure d'accepter. Celui-ci commença par résister : mais il avait été formé au respect de la volonté paternelle. Fortement sermonné par

(1) DES BOULMIERS, *Honny soit qui mal y pense.*

ses proches sur le scandale de sa vie présente, menacé de se voir couper les vivres, moins épris peut-être aussi depuis qu'il était heureux, il finit par se laisser convaincre.

Moins d'un mois après le mariage, célébré en grande pompe à la cathédrale, Adrienne accouchait de sa seconde fille, Françoise-Catherine-Ursule. L'abandon du père de son enfant marquait aussi la fin d'un beau rêve de vie régulière et honorée. Il mit la comédienne au désespoir. Et le coup lui fut peut-être plus rude encore que celui de la perte, pourtant si cruelle, du baron D... Car elle n'avait alors souffert que dans son cœur ; la blessure était douloureuse, mais nette; cette fois, elle se compliquait de la laideur d'une trahison, d'une parole vilainement reniée — plus vilainement encore aux yeux de l'intéressée qu'aux nôtres, auxquels les aventures que nous connaissons déjà et les galanteries qui suivirent font peut-être apercevoir après coup quelque excuse à la dérobade du parjure Klinglin (1).

Elle ne se sentit pas le courage de rester dans la ville, de continuer à paraître devant le public qui avait été témoin de son humiliation. Elle se détermina à quitter Strasbourg et, à la fin de l'année 1716, disant un adieu

(1) Ce début dans la vie ne semble d'ailleurs pas lui avoir porté bonheur. « François-Joseph de Klinglin, dit Monval (ouvrage déjà cité), obtint la survivance de son père en 1722, lui succéda en 1725, et mourut en prison en 1752. »

définitif à la province, elle partait pour Paris, où sa réputation l'avait précédée, attirant sur elle l'attention intéressée de MM. les comédiens du Roy. « Je vous promets une nouvelle Champmeslé », avait dit à la Compagnie son ancien maître Le Grand, qui ne l'avait pas oubliée.

CHAPITRE III

A la Comédie-Française : l'actrice

« Je n'ai pour moi que ma jeunesse », écrivait trop modestement notre héroïne à Clavel, dans la lettre que nous avons citée. Et en effet, quand elle revint dans la capitale, après un séjour en province d'environ huit années, elle n'avait pas encore vingt-cinq ans.

Les engagements à la Comédie-Française n'étaient pas faits comme aujourd'hui par un administrateur, au nom de la Compagnie. MM. les comédiens du Roy — et il ne semble pas que les choses en allassent plus mal — étaient alors placés sous le gouvernement absolu et paternel du premier gentilhomme de la Chambre, auquel seul appartenait l'initiative en ces matières. C'est donc au titulaire de cette charge éminente, M. le duc d'Aumont, qu'Adrienne et ses amis durent s'adresser pour obtenir ce qu'on appelait l'ordre de débuts, lequel lui fut délivré à la date du 27 mars 1717, « dans la pièce qu'elle aurait choisie ».

La Comédie-Française, qui a décidément cessé d'être nomade, est alors installée, depuis vingt-sept ans, rue des Fossés-Saint-Germain-des-Prés, dans le beau théâtre construit pour elle sur l'emplacement du jeu de paume de l'Etoile, et sur les dessins du célèbre architecte d'Orbay. La salle, qui annonce déjà dans ses grandes lignes nos salles modernes, est partagée en deux parties, l'une pour l'assemblée, l'autre pour la scène. L'encadrement de celle-ci, ainsi que les deux retours, est un grand ordre corinthien comprenant toute la hauteur de l'édifice. On entre dans le parterre, réservé aux spectateurs debout, par deux portes différentes, à droite et à gauche, flanquées de colonnes et de pilastres. Face à la scène, l'amphithéâtre, borné par une balustrade, se compose d'une vingtaine de degrés disposés en demicercle. Sur les côtés s'élèvent deux balcons dorés, superposés, où l'on a ménagé des loges, et qui sont ornés, ainsi que le plafond, et tout ce que les yeux aperçoivent, « de ce que l'architecture, la sculpture, la peinture et la dorure ont de plus beau, de plus riche et de plus éclatant ». Sur le théâtre même, à chaque extrémité (côté cour et côté jardin) (1), des chaises destinées aux privilégiés. L'éclairage est assuré par des lustres garnis de chandelles, remplacées par des bougies les jours où Mgr le Régent daigne honorer la représentation de sa présence. Ces lustres sont abaissés pendant chaque entr'acte, le temps de permettre aux « moucheurs » de

(1) Ces dénominations, demeurées en usage de nos jours, datent des représentations données par la Comédie dans la salle du château des Tuileries, et où l'acteur en scène avait le jardin à sa droite et la cour du Carrousel à sa gauche.

remplir leur office. Telle qu'elle est, la salle peut contenir environ quinze cents spectateurs.

Quant à la troupe, elle compte à cette date vingt-sept sociétaires, hommes et femmes : Guérin, La Thorillière fils, Dancourt, Paul Poisson, Beaubour, Lavoy, Ponteuil, Le Grand, Duboccage, Dangeville, Philippe Poisson, Quinault l'aîné, Fontenay, Du Mirail et Quinault-Dufresne ; Mlles Dancourt mère, Desbrosses, Beaubour, Du Clos, Fonpré, Champvallon, Desmares, Mimi Dancourt, Dangeville, Salley et Quinault l'aînée.

Le vénérable doyen, Guérin, qui touche alors à sa quatre-vingt-deuxième année, et qui devait atteindre la quatre-vingt-douzième, est le second mari d'Armande Béjart, veuve de Molière. Rattachant le présent à un illustre passé, après une carrière des plus honorables, il donne à ses camarades un bel exemple de longévité.

Quant à la nouvelle pensionnaire — qui n'est encore à proprement parler qu'une postulante (car son admission dépend de son succès) — elle est délicieuse : et ceux auxquels l'excellent Le Grand la présente n'ont pas de peine à comprendre qu'elle ait fait les délices de trois grands théâtres de province. Elle n'est peut-être pas régulièrement belle. Mais elle a mieux que la beauté : un charme auquel on ne résiste point émane de toute sa personne. Elle est blonde, « parfaitement bien faite, quoique de taille médiocre, avec un maintien noble et assuré, la tête et les épaules bien placées, les yeux pleins de feu, la bouche belle, le nez un peu aquilin, et beaucoup d'agrément dans l'air et les manières; sans embonpoint, mais les joues assez pleines, avec des traits bien marqués pour exprimer la tristesse, la tendresse, la terreur et la pitié » (1).

Mlle Le Couvreur choisit pour son début l'*Electre*, de Crébillon, et ce fut dans le rôle de la sœur d'Oreste, puis dans l'Angélique de *George Dandin* qu'elle parut pour la première fois devant le public parisien. L'annonce de cette représentation avait piqué la curiosité, et l'assistance était aussi brillante que nombreuse, malgré l'absence de la Cour : car le même soir 17 mai, le tzar Pierre le Grand assistait au Palais-Royal à un spectacle d'opéra, avec le Régent.

La description nous a été conservée des deux costumes d'Adrienne. C'était pour la tragédie « un habit à la Romaine, de satin blanc garni de chenil (2) noir et une frange de soye noire à l'entour ; la jupe de même et les manches aussy... » Et bien que consacré par le souvenir de celle qui fut peut-être la plus parfaite tragédienne du XVIIIe siècle, nous n'oserions pas recommander cet ajustement au costumier actuel de la Comédie-Française. Pour le rôle d'Angélique, elle s'était contentée de revêtir « un habit à la Française, de damas petit-gris,

(1) *Le Mercure.*
(2) Passement de soie velouté.

composé d'un manteau pareil garni de jasmin de pareille couleur, et la jupe de même étoffe. »

Elle plut infiniment dans ces deux personnages si différents et sut, dans l'une et l'autre pièces, montrer toute la souplesse d'un talent qui déjà n'avait plus rien à apprendre que de lui-même. Après la représentation, quelqu'un résuma l'impression générale en disant que la nouvelle actrice « commençait comme finissent ordinairement les plus grandes ».

On a dit plus haut qu'elle excellait dans le rôle d'Angélique, souvent joué par elle en province. Mais c'est surtout dans celui d'Electre qu'elle ravit le public et enchanta les connaisseurs. « Dans un art qui laisse aussi peu de traces, dit excellemment Sainte-Beuve, il est difficile, quand on juge à distance, de faire autre chose que de rapporter les témoignages des contemporains, et l'on n'a presque aucun moyen de les contrôler. » Ici, l'accord est unanime. Dès les premiers vers, la débutante conquit les spectateurs par la surprise qu'elle leur fit d'une déclamation simple et naturelle, qui contrastait de la manière la plus heureuse avec le débit pompeux alors trop en faveur dans l'illustre maison, où l'on jouait, suivant le mot d'un contemporain, « fort bien, mais bien fort ». Lorsque, gémissante et chargée de fers, elle prononça ces mots : « Ah ! mon frère est ici ! », le regard qu'elle attachait sur cet Oreste encore inconnu d'elle fut si tragique et pourtant si touchant que les spectateurs en furent émus aux larmes. Ingénieusement secourable à l'auteur de *Rhadamiste*, elle sut, quand il fallait, soutenir les vers faibles et ne point manquer les occasions, plus rares, de faire valoir les beautés. Bref, son succès fut tel qu'il lui fit, dès ce premier soir, une irréconciliable ennemie dans la personne déjà mûre de Mlle Du Clos, son chef d'emploi, qui tenait à la Comédie, depuis vingt et un ans, les premiers rôles de tragédie, et les déclamait, les chantait presque, plus qu'elle ne les disait.

Nous venons de voir qu'à cette représentation de début, l'enthousiasme avait été général. Cependant, un spectateur, assis dans un coin de loge, semblait n'avoir pas subi la contagion. Presque seul il n'applaudissait pas. Il se bornait à dire à demi-voix, de temps à autre : « Bon, cela ! » ; et par ces approbations intermittentes, données à certains passages, marquait discrètement mais clairement, par prétérition, le peu de cas qu'il faisait du reste. Cet original, qui persévéra dans son attitude d'un bout à l'autre de la pièce, ne pouvait manquer d'attirer l'attention. Il fut signalé à l'actrice comme n'étant autre que le philosophe grammairien Du Marsais, le futur encyclopédiste, alors précepteur chez le président de Maisons. Loin de témoigner le moindre dépit contre ce spectateur récalcitrant, elle l'invita, par un billet des plus gracieux, à venir dîner chez elle, en tête-à-tête. Du Marsais, en dépit de sa haute culture et de la distinction de son esprit, était une sorte de paysan du Danube qui, même dans le monde, gardait son franc parler et se piquait surtout de sincérité. Avant de se mettre à table, il pria froidement son hôtesse, qui déployait pour lui toutes ses grâces, de vouloir bien lui réciter une ou deux tirades choisies dans l'un des rôles qu'elle aimait. La comédienne y ayant consenti, il l'écouta en silence, comme il avait fait au théâtre, ne desserrant les dents que pour lâcher deux ou trois fois son « Bon, cela ! ». Et comme celle-ci, assez décontenancée, lui demandait de lui donner ses raisons :

— Volontiers, mademoiselle, attendu que si l'explication ne vous agréait point, je vous épargnerais l'ennui de dîner avec un homme qui aurait eu le malheur de vous déplaire.

— Parlez, je vous en prie ; votre réputation m'est connue, et votre physionomie m'est caution que je ne peux que gagner à vous entendre.

Mis ainsi tout à fait à l'aise, le « Philosophe » — c'est le nom que ne cessera dans la suite de lui donner Adrienne — lui prodigua, avec des encouragements dont il ne se croyait plus le droit d'être avare, de judicieux conseils qui insistaient surtout sur le naturel, la vérité du débit et de l'expression. Le plus sûr moyen d'y atteindre était, d'après lui, de s'appliquer à ne jamais donner aux mots que la valeur qu'ils doivent avoir dans la situation. Il proscrivait toute emphase inutile et ce qui, sur les planches, sentait la déclamation. Et ces sages avis s'accordaient trop à la pensée d'Adrienne pour qu'ils ne fussent pas accueillis avec gratitude, et même avec une satisfaction non dissimulée, puisqu'ils la confirmaient dans l'idée qu'elle se faisait de son art. Du Marsais et elle se quittèrent donc fort contents l'un de l'autre; et la différence des âges — il avait seize ans de plus que cette jolie femme — les protégeant contre l'amour, ils devinrent deux intimes et parfaits amis. Trouvant en lui, en même temps qu'un véritable amateur de théâtre, un conseiller sûr, sincère et désintéressé, elle ne manqua jamais par la suite de le consulter chaque fois qu'elle abordait un rôle nouveau.

Pour la continuation de ses débuts, Adrienne joua successivement Monime, de *Mithridate*, Bérénice, Irène, d'*Andronic*, Alcmène, d'*Amphitryon*, et cette Pauline, de *Polyeucte* qui, presque enfant, lui avait valu son premier triomphe dans la cour de la présidente Du Gué. Elle réussit également bien dans chacun de ces rôles et le public l'accueillant avec une faveur toujours croissante, dès le 20 juin elle fut reçue, à demi-part, dans la Compagnie de MM. les comédiens du Roy. Elle va y conquérir rapidement et ne cessera pas, durant les treize années de sa brillante et trop courte carrière, d'y occuper la première place.

De quoi donc était-il fait, ce talent qui, au dire d'un contemporain,

... n'eut point de modèle et fut inimitable ?

qui, dès qu'il parut sur une scène digne de lui, égala, tout en le renouvelant, celui de la plus illustre des devancières d'Adrienne, de la grande interprète de Racine, la Champmeslé ; et dont le souvenir, entré dans la légende, reste vivant après deux siècles ?

On s'accorde à dire qu'elle avait assez peu de voix. Mais elle savait s'en servir à merveille. Elle en variait les tons à l'infini, lui donnait tour à tour les plus touchantes inflexions ou les plus pathétiques. Sa prononciation était nette et sa déclamation qui, dès le premier jour, avait paru si « originale et particulière », ne s'écartait jamais de la nature ni de la vérité. Le goût, la recherche, la richesse de sa parure concouraient à mettre en valeur son air imposant, sa démarche noble, ses gestes gracieux ou énergiques, mais toujours vrais.

Même quand sa bouche se taisait, son silence parlait encore, tant elle possédait à fond la science si difficile d'écouter, tant elle reproduisait sur son visage le discours et jusqu'aux intonations de celui ou de celle qui lui donnait la réplique.

Mais surtout, son art avait de l'âme, et c'est pourquoi il allait à l'âme des spectateurs qui, croyant la regarder jouer, la voyaient vivre. « Jamais, écrit un auteur qui l'a bien connue, puisqu'il a travaillé pour elle (1), jamais elle ne se présentait sur le théâtre qu'elle ne parût

(1) Du Mas d'Aiguebberre, auteur des *Trois Spectacles*. — Monval, ouvrage déjà cité.

pénétrée... Elle disposait à son gré de son cœur et de ses sentiments. Elle passait sans peine de la violence à une tranquillité parfaite, de la tendresse à la fureur, d'une frayeur subite au déguisement. Son visage était successivement serein, troublé, soumis, fier, abattu, menaçant, emporté, plein de compassion. Dans tous ces mouvements, le public la suivait sans résistance ; il était aussi touché qu'elle-même, sa surprise saisissait, on craignait, on gémissait, on tremblait avec elle, on pleurait même avant que de voir couler ses larmes. C'est qu'on ne voyait rien en elle qui ne parût réel. Sa voix semblait moins s'exprimer que son cœur. Mais elle accordait toujours la passion avec le caractère général, sans jamais oublier l'un pour l'autre. Elle était noble au milieu de ses transports : Phèdre était livrée à ses fureurs et à son amour sans être au-dessous de sa grandeur... »

Ce magnifique et si difficile rôle de Phèdre fut, en effet, l'un des préférés d'Adrienne, celui dans lequel on disait « qu'elle se surpassait ». Elle avait d'ailleurs un culte pour Racine, au point qu'elle quitta la rue de Tournon, qu'elle habitait depuis son retour à Paris, pour aller s'installer rue des Marais, dans une maison qu'avait occupée la Champmeslé et où était mort l'auteur d'*Athalie* (1). Avec *Phèdre, Iphigénie, Mithridate,*

(1) On a récemment mis en doute que cette maison fût celle du poète, laquelle aurait été démolie. Mais cette légende d'Adrienne chez Racine est si jolie, si touchante, que nous ne nous résignons pas à ne plus la tenir pour vérité.

Andromaque, *Bajazet* figurent parmi les tragédies qu'elle joua le plus souvent. Cette énumération n'est-elle pas éloquente et ne témoigne-t-elle pas de son goût parfait et de ses constantes dilections ?

C'est pourquoi, si l'on consulte le tableau d'ensemble de ses rôles dressé par l'érudit Monval (1), on ne peut se défendre de quelque surprise en constatant que, dans cette sorte de palmarès, une *Inès de Castro*, de La Mothe-Oudard, distance *Iphigénie* elle-même (qui vient en tête) de quelques représentations. Cette tragédie, paraît-il, et son auteur n'étaient pas sans mérite ; mais ce n'est pas leur faire injure que de dire que leur astre ne brilla jamais que d'un médiocre éclat en face du soleil racinien. On est donc autorisé à chercher ailleurs que dans les préférences littéraires d'Adrienne ses raisons d'avoir tant aimé cette *Inès de Castro* et d'avoir pris plaisir à y paraître quarante-trois fois dans le cours d'une seule année. Certes, le gros succès qu'obtint l'ouvrage dès son apparition (1723) doit être compté pour quelque chose (2). Mais il n'est pas interdit de penser que ce qui intéressait surtout notre héroïne, c'est que l'occasion lui était donnée de triompher chaque soir de sa vieille rivale et ennemie Mlle Du Clos, médiocre dans le personnage

(1) Ouvrage déjà cité, p. 256.

(2) Voltaire, comme toujours confrère peu bienveillant, constate le succès de la pièce ; mais, par la même occasion, il déclare qu'elle ne vaut rien : « J'ai été à *Inès de Castro* que tout le monde trouve mauvaise et très touchante. On la condamne et on y pleure. »

d'Inès, alors qu'elle-même excellait dans celui de Constance : une brochure retentissante, attribuée à Voltaire, n'avait-elle pas proclamé qu'elle était, dans ce rôle, au-dessus de tout ce qu'on avait jamais entendu ?

Un autre rôle qui marqua dans la carrière d'Adrienne fut celui d'Elisabeth, du *Comte d'Essex* (1721), de Thomas Corneille. La première, osant mettre au-dessus de l'étiquette le souci de la vérité, elle parut sur le théâtre en costume de reine, du moins de reine d'Angleterre, c'est-à-dire avec la robe de cour et le cordon bleu de la Jarretière. Et c'est à cette occasion qu'on dit « qu'elle avait l'air d'une reine parmi les comédiens ».

Elle avait d'ailleurs l'inappréciable fortune de jouer dans cette pièce avec un partenaire vraiment digne d'elle, l'illustre Baron, « l'éternel honneur du théâtre français », qui venait de rentrer à la Comédie après une absence de trente années et qui, à l'âge de soixante-dix-huit ans, suivant le calcul le plus favorable (car on ne fut jamais très exactement fixé sur son âge véritable), tenait le personnage du comte d'Essex, amant d'Elisabeth, avec un éclat et une jeunesse incomparables. C'est dans ce rôle qu'il donna une marque de présence d'esprit demeurée célèbre dans les annales du théâtre. Sa jarretière se détacha et tomba sur la scène. Si cet accident lui fût arrivé en présence de la reine ou de toute autre personne à qui il dût le respect, ne pouvant le réparer décemment, il eût probablement feint de ne pas s'en apercevoir. Mais ne se trouvant qu'avec le traître Cecil, qu'un homme du rang du Comte pouvait traiter cavalièrement, il en profita pour se donner une belle attitude : appuyant sans façon sa jambe sur un des balcons du théâtre, il remit sa jarretière devant le ministre d'Elisabeth, sans s'interrompre de réciter son rôle, ne le regardant qu'à peine, ou même lui tournant tout à fait le dos. Et l'aisance familière dont il fit preuve en cette occasion fut si admirée que d'autres acteurs s'essayèrent bientôt à l'imiter, mais sans y réussir : car, remarque judicieusement Lemazurier dans sa *Galerie historique*, « ces sortes de jeux de scène, n'étant que l'effet du moment, ne peuvent être répétés avec succès, et tout leur mérite s'évanouit dès qu'ils paraissent préparés ».

Pourquoi ce fameux acteur, élève de Molière lui-même, inoubliable créateur du rôle de l'Amour dans *Psyché*, s'était-il prématurément retiré du théâtre à l'âge de trente-huit ans, en pleine gloire, alors qu'il semblait à l'apogée d'une carrière dépassant en éclat celle de tous les comédiens, même les plus fêtés, parus sur la scène avant lui ? On prétend — et cela n'est pas invraisemblable, car sa vanité égalait son talent — qu'il avait aspiré à la direction suprême de la Comédie, régie jusqu'alors en société libre par les acteurs eux-mêmes, et qu'il avait été blessé du refus opposé par Louis XIV à ses prétentions. On dit aussi qu'à l'exemple de Racine il avait été touché de la grâce et qu'il avait renoncé au théâtre afin de pouvoir recouvrer les droits que l'Eglise refusait alors aux comédiens. Quoi qu'il en soit, on ne peut nier que ce grand artiste — qui passait pour le plus capricieux des hommes — n'ait témoigné dans la circonstance d'une certaine suite dans les idées : car bien que sa résolution eût soulevé des regrets unanimes, et que la nouvelle en eût été reçue par le public comme celle d'un véritable désastre, il y demeura ferme, ainsi qu'on a vu, pendant plus d'un quart de siècle. Puis tout d'un coup, à l'âge où pour ceux de sa profession sonne d'ordinaire l'heure de la retraite, le démon du théâtre le reprit. Sa rentrée fut annoncée sur cette même scène qu'il avait illustrée pendant tant d'années : et, phénomène sans autre exemple, on put constater que cet homme étonnant, après trente ans de silence, n'avait rien perdu des dons éclatants qui avaient fait de lui le favori de la génération précédente. Le jour où il reparut devant le public en présence du Régent, salué par les acclamations enthousiastes d'une salle bondée, fut un événement pour les Parisiens et aussi pour Adrienne, qui allait trouver en cet illustre aîné le diseur incomparable qui semblait fait pour lui donner la réplique, l'acteur dont le talent plein de naturel, parlant la tragédie et cependant capable de monter au sublime, était comme le frère ou plutôt comme le mâle du sien. De ce moment, le prodigieux jeune-premier septuagénaire qui, sur les planches, continuait à tenir, non seulement avec vraisemblance, mais aussi avec une incomparable maîtrise, l'emploi des héros et des amoureux du répertoire, devint le partenaire habituel de la jeune et déjà célèbre Le Couvreur. Et il ne se lassa point de l'être, car plus ils jouaient ensemble et plus il reconnaissait en elle non pas une rivale—il n'en pouvait guère avoir et en était d'ailleurs persuadé — mais ce qu'il y avait de plus précieux pour un artiste de sa trempe, une émule merveilleusement douée, un art proche parent du sien, et à la flamme duquel se renouvelait, se surexcitait parfois son propre génie.

Presque tous les contemporains rendaient justice au génie de Baron. Toutefois l'illustre acteur n'avait pas que des thuriféraires, et il semble piquant de mettre sous les yeux du lecteur le portrait, sans doute fortement poussé à l'ironie, mais si curieux, qu'a tracé de lui dans *Gil Blas*, sous la figure d'un certain Alonzo Carlos de la Ventoleria, « histrion honoraire ayant quitté le théâtre par fantaisie et s'en étant depuis repenti par raison », la plume incisive et peut-être rancunière de Le Sage, auteur dramatique à ses heures et qui, peut-être à cause de cela, n'aimait pas les comédiens :

As-tu remarqué ses cheveux noirs ? Ils sont teints aussi bien que ses sourcils et sa moustache ; il est plus vieux que Saturne ; cependant, comme au temps de sa naissance ses parents ont négligé de faire inscrire son nom sur les registres de sa paroisse, il profite de leur négligence et se dit plus jeune de vingt bonnes années pour le moins ; d'ailleurs c'est le personnage d'Espagne le plus rempli de lui-même ; il a passé les douze premiers lustres de sa vie dans une ignorance crasse ; mais pour devenir savant, il a pris un précepteur qui lui a montré à épeler en grec et en latin ; de plus il sait par cœur une infinité de bons contes, qu'il a récités tant de fois comme de son crû qu'il est parvenu à se figurer qu'ils en sont effectivement ; il les fait venir dans la conversation, et on peut dire que son esprit brille aux dépens de sa mémoire. Au reste, on dit que c'est un grand acteur, je veux le croire pieusement. J'avouerai toutefois qu'il ne me plaît pas ; je l'entends quelquefois déclamer ici, et je lui trouve, entre autres défauts, une prononciation trop affectée, avec une voix tremblante qui donne un air antique et ridicule à sa déclamation...

Nous arrêterons ici la citation. Mais à lire ces lignes malicieuses jusqu'à la plus extrême malveillance, ne prend-il point l'envie de rechercher si, par hasard, Baron n'aurait pas voté contre *Turcaret* ?

Le vieux comédien ne refusa point ses conseils à sa jeune camarade, qui eut le bon goût d'être la première à les solliciter, et, tout en la traitant en égale, devint son maître, un maître vénéré qu'elle paya en admiration et en un dévouement qui ne se démentit jamais. Jusqu'à la mort de Baron, leurs deux noms se trouvèrent presque constamment réunis dans la distribution des chefs-d'œuvre consacrés et des ouvrages nouveaux : et Collé, se faisant l'interprète du public d'alors, s'en souvenait lorsqu'il écrivait dans ses mémoires : « Baron et la Le Couvreur, que j'ai vus quoique je ne sois pas encore bien vieux, m'ont donné une idée de la perfection.» Et plus loin, un passage du même auteur caractérise et nous fait toucher du doigt la parenté de ces deux talents inimitables et qui se complétaient si bien l'un l'autre : « Quand je l'ai vu (Baron), il avait déjà soixante-douze à soixante-quinze ans, et à cet âge on pouvait bien lui pardonner de ne pas entrer aussi vivement dans la passion que l'eût pu faire un acteur de trente ans. Mais il y suppléait par une intelligence, une noblesse et une dignité que je n'ai vues qu'en lui ; il excellait surtout dans les détails d'un rôle ; il avait un naturel qui allait jusqu'au familier dans le tragique, sans par là en dégrader la majesté.» Et en lisant cet éloge que la passionnée mais si peu déclamatoire Le Couvreur aurait pu tout aussi bien revendiquer pour elle, n'achève-t-on pas de comprendre combien ces deux gloires de notre théâtre étaient faites pour s'entendre ?

Toutefois, à la différence de Baron qui, unique en son genre et véritablement universel, excellait dans les rôles comiques aussi bien que dans les tragiques, notre héroïne, tragédienne incomparable, ne brillait que d'un éclat moindre dans la comédie. Non qu'elle y fût mauvaise, ni même faible. Mais il lui manquait la verve comique, l'entrain parfois un peu vulgaire indispensables pour réussir tout à fait dans ce genre. Son jeu était trop sage, trop mesuré pour les rôles de premier plan, ceux qui ont la mission de déchaîner les rires, et trop vrai même pour ceux des jeunes amoureuses, parfois bien conventionnelles, qu'elle remplissait assez souvent : car elle avait le travers pardonnable et si humain de s'y croire meilleure qu'elle n'était. C'est ainsi qu'elle voulut jouer Agathe, dans les *Folies amoureuses*, de Regnard, bien qu'elle ne sût pas pincer de la guitare. Un musicien était placé dans le trou du souffleur et accompagnait l'air italien pendant que l'actrice chantait à vide : mais cela ne put faire illusion, l'instrument et la voix allèrent chacun de leur côté, et il en résulta un petit ridicule pour Mlle Le Couvreur. Et l'excellent Lemazurier, à l'ouvrage de qui nous empruntons cette anecdote, conclut par cette observation chagrine dont nous lui laissons toute la responsabilité : « On ne se donne plus tant de peine aujourd'hui. Quand un acteur trouve dans son rôle quelque chose qui le gêne, il le supprime, et cela est bien plus commode. »

Adrienne fut plus heureuse dans l'*Indiscret*, la première comédie de Voltaire qui, pour des raisons qu'il convient peut-être de ne pas trop approfondir, retira le rôle d'Hortense à Mlle Labat pour le confier à Adrienne. On a prétendu — mais à tort — que ce fut au cours d'une représentation de cet ouvrage qu'eut lieu, dans la loge de la comédienne, l'altercation fameuse entre le jeune poète et le chevalier de Rohan (1). « Quel est donc ce

(1) En réalité, ce fut pendant une représentation d'*Hérode*, du même Voltaire.

petit monsieur qui parle si haut ? » demanda celui-ci. « C'est, répondit fièrement le jeune Arouët, dressé sur ses ergots, un homme qui ne traîne pas un grand nom, mais qui sait honorer celui qu'il porte. » Le gentilhomme lève sa canne sur l'insolent, Voltaire porte la main à son épée, Adrienne tombe évanouie. La querelle en reste là. Mais deux ou trois jours plus tard, le chevalier fait bâtonner le poète, qui le provoque en duel et, au moment où il pense obtenir satisfaction, est arrêté dans la nuit à la requête de son adversaire et enfermé pour un mois à la Bastille. L'affaire fit grand tapage, comme bien on pense — on pouvait s'en rapporter à Voltaire — et le souvenir n'en fut pas perdu quelque soixante ans plus tard pour les collectionneurs de griefs contre le régime du bon plaisir.

On peut citer encore, parmi les rôles de comédie tenus par la Le Couvreur, Isabelle, de *La Mère coquette,* la comtesse, de *L'Inconnu,* et Hortense, du *Florentin,* où l'on s'accorde à dire qu'elle était charmante. Ceci pour l'ancien répertoire. Elle fut aussi, dans le moderne, mais sans grand éclat semble-t-il, la créatrice des rôles d'Angélique, dans *Le Talisman* de Lamotte ; d'Amarillis, dans *Le Pastor fido,* de l'abbé Pellegrin ; d'une autre Angélique, dans *L'Ecole des Pères,* de Piron ; et même — qui l'eût pensé ? — de la marquise, dans *La Surprise de l'Amour,* de Marivaux, qu'on s'étonnerait de voir interprété par une tragédienne, si l'on ne se souvenait qu'il avait, à son heure et comme tous ses confrères, commencé par écrire des tragédies. Et il semble bien que le délicat auteur de *Marianne* n'ait point trop goûté sa « marquise », à laquelle il reprochait d'avoir joué « en reine », et ne se cachait point de préférer la Sylvia du Théâtre-Italien.

D'ailleurs, tout en étant l'actrice à la mode, occupant une place privilégiée dans la faveur publique, Adrienne n'avait point que des amis parmi «ses» auteurs. Les uns, — le plus grand nombre — Voltaire en tête, l'admiraient sans réserve, ne manquaient point une occasion de la porter aux nues : c'étaient ceux dont les ouvrages avaient réussi. Mais les autres, ceux dont la pièce était plus ou moins tombée, ne manquaient point de lui attribuer la responsabilité de leur insuccès. Ce fut le cas d'un certain abbé Nadal ; car bien que l'Eglise fût assez peu tendre pour les comédiens, nombre d'abbés d'alors ne se faisaient point scrupule d'écrire pour le théâtre. Ce Nadal, auteur d'une mauvaise tragédie d'*Antiochus ou les Macchabées*, qui n'eut que sept représentations, n'hésita point à imputer son échec à la pauvre Adrienne. Mais il le fit avec un art digne de Tartufe : dans sa préface, il loua avec excès Mlle Du Clos, qui remplissait le rôle de Salmone, et ne prononça même pas le nom d'Adrienne, qui avait été Zoraïde. Cette prétérition intentionnelle ne tarda point à recevoir son salaire, de la main, ou plutôt de la plume de Voltaire, qui reprocha à l'auteur-abbé « d'accuser Mlle Le Couvreur d'avoir mal joué une fois dans sa vie de peur que lui, Nadal, ne fût applaudi une fois dans la sienne. »

Plus sérieux et plus sensible à son amour-propre fut le différend d'Adrienne avec Piron, celui-là même

> ... qui ne fut rien,
> Pas même académicien.

(Ce qui d'ailleurs n'est pas rigoureusement exact puisqu'il fut élu, mais non admis, son élection n'ayant pas été approuvée par le roi).

Piron, après lui avoir promis le principal rôle de sa tragédie nouvelle, *Callisthène,* le lui retira pour le distribuer à une nouvelle venue, Mlle de Balincourt. L'auteur de la *Métromanie* était, on le sait, homme d'esprit. Il tenta d'habiller son mauvais procédé de phrases obligeantes, de galanterie même, et, dans une lettre adressée à la comédienne, aussi humiliée que chagrinée, (car Piron jusqu'alors avait été de ses familiers), il s'excuse sur ce qu'il n'a imaginé pour sa pièce que des grâces simples et nues, plus sévères que séduisantes et où tout l'art du monde ne saurait suppléer à ce que le physique même le plus aimable ne peut donner. « L'engageante Vénus, dit-il, n'a que faire où l'œil attend la superbe Pallas ; et je crois qu'il y a, dans ce rôle de Léonide, plus d'égide que de ceinture. » Cette fadeur, qui ne manquait pas d'impertinence, fut sans doute ce qui froissa le plus Adrienne. Elle prit sa plume des bons jours :

On n'a jamais mis tant d'art et tant d'éloquence pour dire à quelqu'un : je crois un succès impossible entre vos mains. Premièrement, monsieur, vous m'avez promis de tout temps votre rôle ; car je crois que c'est promettre que tout ce que vous m'avez dit avant et depuis la lecture qu'il vous plut de vouloir faire chez moi. La confiance que votre naïveté m'avait inspirée, l'amitié que vous me témoignez, et peut-être mon amour-propre, ne m'ont pas laissé penser un moment que votre choix pût être douteux ; aussi je n'ai exigé ni confirmation ni promesse plus marquée ; d'ailleurs vous me l'auriez signée de votre sang, qu'au premier scrupule j'aurais cessé d'y prétendre ; et quoi que je vous dise ici, tenez-vous pour très assuré que je n'ai nulle intention de vous faire changer... Mais je trouve qu'en me donnant des éloges que je ne mérite pas, vous me faites injustice d'ailleurs : je suis bien plus éloignée de ressembler à Vénus qu'à cette Pallas que vous mesurez à l'aune. Vous oubliez que j'ai joué Roxane, Athalie, Phèdre, Élisabeth, Pauline et Cornélie, sans que le public parût se plaindre de ma faiblesse ni de mon courage, et je crois que l'âme est plus nécessaire que la taille. Ces grâces austères, simples et nues que vous désirez, ne se trouveront point en celle que vous me préférez ; et s'il eût été question d'un parallèle contraire et que vous m'eussiez mandé que Mlle Dufresne (1), ou quelque autre, approcherait mille fois plus de ces grâces que vous attribuez à Vénus, et à cette ceinture que vous croyez qui va m'éblouir, je dirais que vous avez raison, et je me flatte même que je vous aurais prévenu ; mais je prétends un peu plus à l'égide, puisqu'égide et ceinture il y a. En un mot, je tiens mon âme aussi mâle et aussi sensible à la vertu que vous en puissiez trouver. C'est ce qui m'a fait admirer votre pièce, c'est ce qui m'a plu dans votre rôle, et c'est ce

(1) Mlle Quinault, la cadette, dite Dufresne, passait pour être l'amie très intime de Piron.

qui me porte à vous pardonner un affront qu'aucune autre femme n'oublierait de sa vie... (1).

En réalité, Piron était, par Mlle Dufresne, inféodé à la coterie toute-puissante des Quinault (il y eut à la Comédie six acteurs et actrices de ce nom) ; Mlle de Balincourt leur était cousine, et c'étaient eux qui avaient poussé l'auteur de *Callisthène* à jouer ce mauvais tour à la sensible et fière Adrienne. Car, choyée du public, réclamée par tous les auteurs notoires, fêtée par surcroît du beau monde où — comme on le verra plus loin — elle était accueillie sur le pied d'une égalité refusée d'ordinaire aux gens de théâtre même les plus favorisés, la trop heureuse comédienne avait naturellement ses envieux et ses ennemis dans la Maison. C'est l'un d'eux — ou l'une d'elles — amateur d'anagrammes, aussi malveillant qu'ingénieux, qui avait découvert « couleuvre » dans « Le Couvreur ».

Le chef de file, l'inspirateur de ces « bons petits camarades », était Quinault l'aîné, comédien de talent et homme d'esprit. Un jeune acteur, Philippe Poisson le fils (car il y avait aussi à la Comédie une famille Poisson, presque aussi nombreuse que celle des Quinault), avait composé contre Adrienne une assez méchante petite pièce, pleine d'allusions plus ou moins transparentes, *L'Actrice nouvelle*, envoyée sans nom d'auteur,

(1) *Lettres d'Adrienne Le Couvreur*, publiées par G. Monval, ouvrage déjà cité.

lequel nom n'était d'ailleurs un secret pour personne. Quinault l'aîné, alors semainier, prit sur lui de convoquer la troupe, et donna lecture du pamphlet anonyme ; il en profita pour contrefaire, au grand amusement de l'assemblée, la voix et les gestes de Mlle Le Couvreur absente, notamment dans une scène du *Cid*. La comédie du fils Poisson fut reçue à l'unanimité des votants, parmi lesquels, bien entendu, le lecteur et son frère Quinault Dufresne, Mlle Du Clos naturellement, et aussi, hélas ! le grand Baron, partenaire attitré de Mlle Le Couvreur, et le bon Le Grand lui-même, son ancien maître. Disons tout de suite que la pièce ne fut pas jouée, Adrienne s'estimant visée trop clairement par des vers tels que ceux-ci :

> De fables, de romans, sa chambre est toute pleine ;
> Sans cesse elle s'habille en princesse romaine...
>
> Vous pouvez acheter ce nouveau régiment,
> Monsieur ; j'en ai pour vous obtenu l'agrément.
>
> Venez la voir en foule, elle aime le grand monde...

Elle s'empressa de mettre à profit ces belles relations sur quoi on la plaisantait, et obtint un ordre interdisant la représentation de *L'Actrice nouvelle*.

L'autre Quinault, Quinault Dufresne, n'était pas, lui non plus, des amis d'Adrienne. Aussi bon acteur dans la tragédie que son aîné dans la comédie, il gâtait ses talents par une vanité poussée jusqu'à la sottise et qui lui valut plus d'un désagrément. C'est ainsi qu'un jour que le public, n'arrivant point à l'entendre dans *Mithridate*, lui criait : « Plus haut ! », entrant un peu trop dans le rôle de l'autocrate qu'il représentait, il riposta par un : « Et vous, plus bas ! », payé aussitôt et assez justement d'une bordée de sifflets. Il gardait d'ailleurs, descendu des planches, une si haute idée de lui-même qu'il disait en plein café : « On me croit heureux : erreur populaire ! Je préférerais à mon état celui d'un gentilhomme qui mange tranquillement douze mille livres de rente dans son vieux château. Oui, en vérité, j'aimerais mieux être à sa place que d'être ce que je suis ! » Ce curieux « m'as-tu vu » — qu'on nous pardonne de lui appliquer par anticipation un néologisme qui lui va si bien — avait, en plus de sa sottise naturelle, une raison presque excusable de voir d'un mauvais œil cette favorite du public que s'entêtait à être Mlle Le Couvreur. Il avait épousé Mlle de Seine, brouillée avec elle depuis le jour où, jouant à ses côtés dans l'*Hérode* de Voltaire, elle s'était mise dans le cas — pour une raison qu'on ignore — de mériter la note suivante, du 1er mai 1725 : « Ordre est donné au semainier de retirer cent livres sur la part de Mlle de Seine et de porter cette somme à l'hôpital des Enfants Trouvés pour inconvenance envers Mlle Le Couvreur, avec menace d'être renvoyée de la troupe en cas de récidive (1). »

(1) Archives de la Comédie-Française.

Mlle de Seine, un peu plus jeune que Mlle Le Couvreur et tenant le même emploi, avait d'ailleurs assez de talent pour s'impatienter de marquer le pas derrière une camarade, quelle qu'elle fût, et elle monta par la suite, sous son nom nouveau de Quinault Dufresne, au rang des meilleures actrices du Théâtre-Français. Mais elle ne fut pas la seule contre qui Adrienne, au moins dans les premiers temps, eut à défendre sa gloire naissante : et cela sans doute n'était pas pour déplaire à la vaillante interprète du poète qui a dit :

A vaincre sans péril on triomphe sans gloire.

Une autre tragédienne charmante, Mlle Gautier, lui apparut comme une rivale possible ; et peut-être le serait-elle devenue en effet si, en 1723, après seulement six ans de théâtre, une passion malheureuse pour un roi de tragédie ne lui avait fait prendre le voile aux Carmélites, comme jadis La Vallière pour un vrai roi.

Avant elle, une certaine Mlle Aubert avait aussi, semble-t-il, causé quelque souci à notre héroïne, ainsi qu'en témoigne le billet suivant, en date du 29 décembre 1721, adressé à l'assemblée des comédiens :

Je supplie la Compagnie de ne point compter sur moi pour jeudi dans *Britannicus* si Mlle Aubert y joue Agrippine. Rien ne me pourra déterminer à changer la résolution que j'ai prise de ne point jouer avec Mlle Aubert.

L'affaire s'arrangea, au moins provisoirement, puisque les deux tragédiennes, quelques jours plus tard, parurent ensemble sur le théâtre. Dans tous les cas, Adrienne eut la satisfaction de voir Mlle Aubert quitter la Comédie dès le printemps de 1722, un an avant Mlle Gautier, mais d'une manière moins édifiante, puisqu'elle fut purement et simplement congédiée, pour un motif qu'on ignore, mais sur lequel on peut rêver, l'honnête Lemazurier « se refusant à le rapporter ».

Mais la rivale en titre, l'ennemie jurée de Mlle Le Couvreur, était la célèbre Mlle Du Clos, sa doyenne, qui, après avoir été jugée digne de doubler la Champmeslé de son vivant, la remplaçait depuis sa mort dans les premiers rôles tragiques et les remplit pendant quarante ans — s'y incrusta, si l'on ose dire — avec une ténacité et aussi un succès dont il n'est guère possible aujourd'hui de ne pas un peu s'étonner. Nous savons en effet que cette actrice fut une de celles qui contribuèrent le plus à corrompre ce débit naturel, cette simplicité des gestes dont le fameux Floridor, le comédien gentilhomme (1), partenaire habituel de la Champmeslé, avait donné l'exemple, si mal suivi par la plupart de ses successeurs. Mlle Du Clos, entre autres, y avait substitué une déclamation « ampoulée et chantante » et, dans son jeu, une recherche d'effets faciles et vulgaires que Le Sage —

(1) Il s'appelait de son vrai nom Josias de Soulas, écuyer, sieur de Privefosse, ancien mousquetaire au régiment des Gardes Françaises, puis enseigne au régiment de Rambures.

BUSTE D'ADRIENNE LE COUVREUR,
par COURTET
Appartenant à la COMÉDIE FRANÇAISE

décidément excellent critique dramatique à ses moments perdus — caractérise en ces termes : « Veut-elle marquer de la surprise ? elle roule les yeux d'une manière outrée, ce qui sied mal à une princesse. Ajoutez à cela qu'en grossissant le son de sa voix, qui est naturellement doux, elle en corrompt la douceur et forme un son assez désagréable. Dans plus d'un endroit, on pouvait la soupçonner de ne pas trop bien entendre ce qu'elle disait. J'aime pourtant mieux croire qu'elle était distraite que de l'accuser de manquer d'intelligence. » On concevra sans peine que la doyenne de la Comédie n'ait pas assisté sans dépit à l'avènement d'une tragédienne qui s'efforçait de « parler » la tragédie, ni sans alarmes au succès grandissant d'un art qui était à ce point le contraire du sien. Mais ce que l'actrice de cinquante ans pardonnait sans doute le moins à la nouvelle venue, c'était sa jeunesse, cette jeunesse triomphante, riche d'avenir qui, du jour au lendemain, la repoussait irréparablement vers le passé. Après avoir, pendant tant d'années, tenu le premier rang à la Comédie, elle n'était pas femme à se résigner si vite à une abdication. Elle était d'un caractère plus que décidé, violent même. Un jour que le public, amusé par une figuration maladroite, avait fait entendre quelques ricanements, mêlés de plaisanteries plus ou moins fades, elle interrompit son rôle : « Ris donc, sot de parterre, s'écria-t-elle, à l'endroit le plus touchant de la tragédie ! » Et le plus curieux, c'est que le public, loin de se fâcher, lui répondit par des applaudissements. Une autre fois, Dancourt, orateur de la troupe, avait à annoncer que la santé de sa camarade — elle était grosse — ne lui permettait pas de jouer. Il crut devoir, par un geste trop significatif, indiquer plaisamment le siège du mal. Mlle Du Clos sortit aussitôt de la coulisse et, en plein théâtre, gifla Dancourt. On peut juger par là des vexations, des « attrapades » comme on dirait de nos jours, que la pauvre Adrienne, si mesurée dans son langage, si délicate dans ses manières, dut avoir à subir de cette virago, enragée sous tous les rapports, et au point d'épouser à cinquante-cinq ans d'âge un mari qui n'en avait pas dix-sept.

On a vu que la Du Clos était du complot de l'*Actrice nouvelle*. Mais elle ne se contentait point de vouloir ridiculiser sa rivale sur la scène : elle employait chaque fois qu'elle pouvait son influence à l'empêcher d'y paraître. C'est ainsi qu'Adrienne, pour avoir le plaisir d'être applaudie aux côtés de son chef d'emploi, et peut-être à ses dépens, en jouant une simple confidente, avait sollicité de La Mothe le rôle de Sabine dans *Romulus*. Mlle Du Clos, qui devait remplir celui d'Hersilie, ne fut pas dupe d'une telle modestie, et elle sut détourner l'auteur de lui donner satisfaction. Un autre jour, à une assemblée de répertoire, on décide de donner quelques représentations de *Cinna*. « Oui, signe sur le registre Adrienne, à condition de jouer Emilie. » « Oui, signe au-dessous d'elle Du Chemin fils, le jeune mari de la Du Clos, à condition que ma femme jouera Emilie, si elle se porte bien. » Cette fois, ce fut Mlle Le Couvreur qui l'emporta.

Ces inimitiés tenaces, ces tracasseries répétées durent parfois mettre à l'épreuve les nerfs de la femme : mais elles restèrent sans influence sur la carrière de l'artiste. Celle-ci poursuivait sa route triomphale, répondant à la malveillance, au dénigrement systématique par de nouveaux et plus éclatants succès,

> Versant des torrents de lumière
> Sur ses obscurs blasphémateurs,

ainsi que devait écrire plus tard, dans une strophe fameuse, le magistrat-poète Le Franc de Pompignan, qui, à dix-neuf ans, préludait à l'*Ode à J.-B. Rousseau* par des déclarations d'amour rimées adressées à la séduisante comédienne.

Et nous devinons le secret de cette force victorieuse qui, toute sa vie, anima, soutint cette frêle créature. Elle n'était pas que dans son génie : il lui avait été donné par surcroît d'aimer passionnément son art, ce qui est, écrivait à propos d'elle un connaisseur, Collé, « un grand point pour y réussir ». Jamais elle ne se fit prier, à l'exemple de comédiennes moins illustres, pour interpréter les personnages de son emploi. Et sa trop courte carrière se trouve à la fois résumée et glorifiée dans ces chiffres, qui témoignent de son attachement au devoir professionnel — car elle ne fut pas de ceux, dit un de ses biographes du dernier siècle, « qui inventèrent l'usage commode d'aller tous les ans moissonner des lauriers et quelque chose de plus solide dans la province pendant qu'ils étaient payés à Paris » : en treize années, elle ne joua pas moins d'une centaine de rôles, dont vingt-deux étaient des créations, et parut sur la scène du Théâtre-Français 1.184 fois. Quel exemple — et quelle leçon !

CHAPITRE IV

A la Comédie-Française : la femme

Mlle Le Couvreur fut donc, de l'aveu de tous ses contemporains, une des plus grandes tragédiennes de l'époque : elle occupa dans la faveur publique une place égale à celle de sa devancière, la Champmeslé ; et après sa mort, la gloire de la Dumesnil et de la Clairon ne parvint pas à éclipser la sienne. Et pourtant ce qui fait d'elle une figure à part dans l'histoire du théâtre, c'est moins encore l'actrice que la femme. Elle fut dans son particulier une créature délicieuse dont tous ceux qui l'approchèrent s'accordent à louer le charme vainqueur, et par l'esprit et le caractère tout près d'être une femme supérieure. Bien que née dans le peuple, elle avait dans les sentiments une distinction naturelle : chère à ses familiers, elle s'imposa à une société encore prévenue contre les personnes de son état par une certaine manière de penser, de sentir, toujours élevée, toujours généreuse, par la sûreté de son commerce, par sa sensibilité tempérée ou plutôt rehaussée de raison. Elle avait, a dit quelqu'un, des vertus d'honnête homme. « J'ai toujours cru, écrit-elle, la vérité et la franchise de puissantes ressources ; je m'en suis bien trouvée toute ma vie. Je pense qu'il faut en mettre à tout : c'est un sûr moyen de faire respecter jusqu'à ses faiblesses. »

Mais ce qui peut-être la faisait unique aux yeux de ceux qui la connaissaient bien, c'était la chaleur tendre et fidèle de son amitié : car cette jolie femme, si séduisante, si courtisée, sut se faire des amis, même parmi ses adorateurs, et, ce qui est plus difficile encore, les garder.

Son histoire avec l'un d'eux — qui lui survécut plus d'un demi-siècle sans jamais l'oublier — mérite d'être rapportée. Le comte d'Argental, conseiller au Parlement, et à qui sa longue liaison avec Voltaire devait faire une sorte de célébrité, lui fut présenté à vingt ans — elle en avait alors vingt-huit — et naturellement en tomba éperdûment amoureux. Adrienne, peut-être trop femme pour n'être pas touchée de cette passion juvénile et sincère, n'épargna cependant rien pour la décourager. Elle entreprit le plus loyalement du monde la guérison de ce fils de famille trop jeune et trop épris.

Se peut-il, lui écrivait-elle, qu'avec tant d'esprit vous soyez si peu maître de vous ? Que vous reviendra-t-il, que le plaisir de m'exposer à des tracasseries désagréables, pour ne pas dire pis ? Je suis honteuse de vous quereller quand vous me faites tant de pitié, mais vous m'y contraignez. Soyez, je vous prie, plus raisonnable, et dites à celui que vous chargez de me tourmenter qu'il me permette un peu de respirer. Je vous ferai voir bien clairement les inconvénients de cette conduite la première fois que le hasard pourra nous réunir, et je ne suis pas embarrassée de vous faire convenir que vous avez tort.

Adieu, malheureux enfant, vous me mettez au désespoir.

Et une autre fois :

Pardonnez-moi mon humeur, je vous pardonne bien autre chose, j'allais dire votre amour, et oublier que vous n'avez pour moi que de l'amitié, et que je veux que vous n'ayez que cela.

Mais d'Argental refusait de rien entendre : peut-être sentait-il qu'un intérêt presque tendre, une sorte de pitié peu à peu se glissait malgré elle dans le cœur de celle qui le repoussait. Loin de se rebuter, il se livra bientôt à de telles extravagances que Mme de Ferriol, sa mère, prit peur et, se demandant si l'aventure ne tournerait pas au mariage, parla sérieusement d'expédier son fils outre mer, à l'île de Saint-Domingue.

C'est alors qu'Adrienne, désireuse de rassurer cette mère, prit le parti d'aller la trouver. Mais l'accueil qu'elle reçut fut si glacé qu'elle se résigna à lui écrire. Et elle lui fit porter cette belle lettre :

Paris, 22 mars 1721.

MADAME,

Je ne puis apprendre sans m'affliger vivement l'inquiétude où vous êtes et les projets que cette inquiétude vous fait faire. Je pourrois ajouter que je n'ai pas moins de douleur de savoir que vous blâmez ma conduite ; mais je vous écris moins pour la justifier que pour vous protester qu'à l'avenir, sur ce qui vous intéresse, elle sera telle que vous voudrez me la prescrire. J'avois demandé mardi la permission de vous voir, dans le dessein de vous parler avec confiance et de vous demander vos ordres. Votre accueil détruisit mon zèle et je ne me trouvai plus que de la timidité et de la tristesse. Il est cependant nécessaire que vous sachiez au vrai mes sentiments et, s'il m'est permis de dire quelque chose de plus, que vous ne dédaigniez pas d'écouter mes très humbles remontrances, si vous ne voulez pas perdre monsieur votre fils. C'est le plus respectueux enfant et le plus honnête homme que j'aie jamais vu de ma vie.

Vous l'admireriez s'il ne vous appartenait pas. Encore une fois, madame, daignez vous joindre à moi pour détruire une faiblesse qui vous irrite et dont je ne suis pas complice, quoi que vous disiez. Ne lui témoignez ni mépris ni aigreur ; j'aime mieux me charger de toute sa haine, malgré l'amitié tendre et la vénération que j'ai pour lui, que de l'exposer à la moindre tentation de vous manquer. Vous êtes trop intéressée à sa guérison pour n'y pas travailler avec attention, mais vous l'êtes trop pour y réussir toute seule et surtout en combattant son goût par autorité, ou en me peignant sous des couleurs désavantageuses, fussent-elles véritables. Il faut bien que cette passion soit extraordinaire, puisqu'elle subsiste depuis si longtemps sans nulle espérance, au milieu des dégoûts, malgré les voyages que vous lui avez fait faire, et huit mois de séjour à Paris sans me voir, au moins chez moi, et sans qu'il sût si je l'y recevrais de ma vie. Je l'ai cru guéri, et c'est ce qui m'a fait consentir à le voir dans ma dernière maladie. Il est aisé de croire que son commerce me plairoit infiniment sans cette malheureuse passion, qui m'étonne autant qu'elle me flatte, mais dont je ne veux pas abuser. Vous craignez qu'en me voyant il ne se dérange de ses devoirs, et vous poussez cette crainte jusques à prendre des résolutions violentes contre lui. En vérité, madame, il n'est pas juste qu'il soit malheureux de tant de façons. N'ajoutez rien à mes injustices ; cherchez plutôt à l'en dédommager ; faites tomber sur moi tout son ressentiment, mais que vos bontés lui servent de ressource.

Je lui écrirai ce qu'il vous plaira ; je ne le verrai de ma vie, si vous voulez ; j'irai même à la campagne, si vous le jugez nécessaire ; mais ne le menacez plus de l'envoyer au bout du monde. Il peut être utile à sa patrie ; il fera les délices de ses amis ; il vous comblera de satisfaction et de gloire ; vous n'avez qu'à guider ses talents et laisser agir ses vertus. Oubliez, pendant un temps, que vous êtes sa mère, si cette qualité s'oppose aux bontés que je vous demande à genoux pour lui. Enfin, madame, vous me verrez plutôt me retirer du monde, ou l'aimer d'amour, que de souffrir qu'il soit à l'avenir tourmenté pour moi et par moi.

Et après cette menace suprême, cette sorte de chantage féminin si bien fait pour être entendu d'une femme, « d'aimer d'amour » celui qu'on parle d'exiler, elle ajoute :

Mandez-moi ce que vous voulez que je fasse et si vous voulez me parler sans qu'il le sache, je me rendrai où il vous plaira, Madame ; je n'épargnerai ni mes soins, ni mes vœux pour que vous soyez contente de votre fils et de moi.

Mme de Ferriol était la digne sœur de la comtesse de Tencin : c'est tout dire, écrit Sainte-Beuve (1). Elle

(1) Mme de Tencin, on le sait, ancienne maîtresse du Régent, puis du cardinal Dubois, eut d'un de ses nombreux amants un enfant naturel, qu'elle abandonna et qui fut recueilli par la femme d'un pauvre vitrier. Cet enfant

ne répondit pas à cette lettre si touchante et d'un sentiment si élevé. Elle ne la montra même pas à son fils ; et d'Argental, guéri par d'autres amours de sa passion pour Adrienne, et devenu, ainsi qu'elle le souhaitait, un ami désintéressé — le meilleur et le plus fidèle — n'en eut connaissance que par la découverte qu'il en fit dans les papiers de sa mère, cinquante ans après la mort de la comédienne. Octogénaire et presque aveugle, il se la fit lire : et sans doute ce jour-là, ses yeux flétris et à demi éteints par l'âge retrouvèrent une larme pour la donner au souvenir de son premier, de son meilleur amour.

Comment Mlle Le Couvreur entendait cette amitié qu'elle recommandait au jeune fils de Mme de Ferriol, ses lettres nous l'apprennent. L'amitié, peut-être plus encore que l'amour, fut le grand besoin de son cœur :

Je ne me corrigerai point de désirer des amis, écrit-elle non sans mélancolie ; et je n'ai ni assez de discernement pour les bien connaître, ni assez de bonheur pour les rencontrer par hasard. Que faire cependant au monde sans aimer, quand l'ambition, le jeu ou les autres passions ne remplissent point l'âme ?

Mais ces amis, elle entend les choisir et aussi être choisie par eux :

devait devenir célèbre sous le nom de d'Alembert. C'est alors seulement que sa mère se souvint de lui. Mais celui-ci fit répondre qu'il ne se connaissait d'autre mère que l'humble femme qui l'avait élevé et aimé.

On me prend telle que je suis, ou bien on me laisse là. Tout l'art que je sais, c'est de ne point me jeter à la tête pour quelque sentiment que ce puisse être. Je cherche d'abord de la probité jusque dans les plus faibles liaisons ; quand les grâces s'y joignent, je les sais sentir, la nature m'ayant donné un instinct admirable pour les démêler. L'usage du monde, le temps et un peu de raison m'ont convaincue qu'il faut beaucoup d'indulgence dans la vie ; mais ceux qui en ont le moins besoin ne perdent rien avec moi. Je leur donne à la place tout autant d'estime et d'admiration qu'il me paraît qu'ils méritent ; et quand ils m'honorent de quelques bontés, vous sentez bien ce que la reconnaissance peut ajouter à de tels sentiments, et assurément je ne fus jamais ingrate.

Blasée sur les hommages de la galanterie, elle leur préfère hautement la douceur d'une amitié fidèle et confiante : elle veut avoir des amis qui ne soient que des amis. L'affection de quelques hommes illustres ou distingués qu'elle admet dans son intimité — Voltaire (1), d'Argental, Du Marais, Fontenelle, le comte de Caylus, le marquis de Rochemore, etc... — cette affection est son bien le plus cher, ce qui la met le plus haut dans sa propre estime. Aussi redoute-t-elle toujours que, par inadvertance ou excès de zèle, ils ne donnent à la malignité du monde quelque prétexte de se méprendre sur la nature du sentiment qui les attire chez elle. Elle va jusqu'à leur recommander, quand ils parlent d'elle hors de sa pré-

(1) De tous ces amis, Voltaire est le seul qui semble avoir été un peu plus que cela. Il l'affirme du moins, mais ce n'est peut-être pas une raison pour l'en croire.

sence, de ne pas mettre trop de chaleur dans leurs louanges :

L'amitié a ses enthousiasmes aussi bien que l'amour ; mais il faut les ménager, surtout aux yeux des personnes désintéressées. D'ailleurs je suis d'un sexe et d'une profession où l'on ne soupçonne pas volontiers cet honnête sentiment, l'unique que je désire, dont je sois flattée, et dont j'ose me croire digne, par la façon dont je le sens ; j'ajoute même par celle dont je l'ai inspiré plusieurs fois. Mais songez que vous êtes au milieu de tout un monde qui ne me connaît point et qui n'est pas obligé de deviner : ainsi, parlez peu de moi.

Mais cette femme de théâtre n'eut pas que le mérite de compter et de retenir dans sa familiarité les plus beaux esprits de son temps. Née avec cet instinct de s'élever qui est celui des âmes fières, elle sut, à force de tact, de modestie, de sentiment des bienséances, se faire accepter dans la société la plus difficile, jusqu'alors inexorablement fermée aux femmes de son état.

Une anecdote rapportée par Sainte-Beuve donnera la mesure du dédain où, avant elle, il était de bon ton de tenir les comédiennes. Une certaine Mlle Beauval, actrice du Théâtre-Français, allait un jour rendre visite à un jeune homme de sa connaissance, qui était malade. La mère était dans la chambre lorsqu'on vint l'annoncer. « Une dame qui demande mon fils ? », dit-elle avec étonnement. Mais, au même moment, une femme entrait, disant brusquement : « Non, madame, ce n'est pas une dame, c'est la Beauval. »

On voit le chemin que Mlle Le Couvreur avait à faire pour arriver à triompher d'un préjugé si solidement établi et à obtenir de l'élite la considération personnelle qu'elle avait conscience de mériter. Elle l'entreprit cependant, sans timidité ni hardiesse, mais avec une patiente volonté. Elle se garda bien de se donner l'apparence de prétendre forcer les portes qui semblaient vouloir demeurer closes. Aux grands seigneurs mariés qu'elle accueillait chez elle, elle ne demanda jamais de la présenter à leurs femmes. Mais peu à peu, elle consolidait sa réputation de personne aimable et distinguée, à l'existence décente dans son privé, aux manières parfaites, capable en un mot de tenir sa place dans la meilleure compagnie. Insensiblement, elle fit tomber les résistances par la douce magie de son charme, comme Orphée les murailles aux sons de sa lyre.

Le salon de la marquise de Lambert, fille d'un maître des comptes, et veuve du lieutenant-général de ce nom, fut le premier à s'ouvrir. Il était alors le rendez-vous de la meilleure société et des littérateurs les plus en vue. La maîtresse de la maison passait pour y tenir bureau de bel esprit, parce que, seule ou à peu près, elle avait su le préserver de « la manie épidémique du jeu ». Des auteurs applaudis comme La Mothe-Oudard, des savants comme Mairan et son illustre ami Fontenelle, y fréquentaient assidûment et avec eux nombre de gens titrés, hommes et femmes, curieux de voir de près les célébrités du jour. Adrienne y fut invitée, sans doute grâce à Fontenelle, depuis longtemps son intime. Et ses débuts sur cette scène du monde, plus redoutable pour la comédienne que l'autre scène, lui furent si favorables qu'en un moment la futilité des gens du bel air, ainsi qu'il arrive souvent, passa d'un extrême à l'autre. Ce fut de l'engouement. Toutes les femmes qui avaient un salon voulurent avoir chez elle l'actrice en vogue et recherchèrent l'honneur et l'agrément de sa société. Ce fut une mode de souper avec elle. Elle fut comblée d'invitations, de prévenances ; et elle s'en plaint avec une complaisance, un luxe de détails où perce peut-être, quoi qu'elle en dise, plus de satisfaction que de lassitude :

Je passe les jours à faire les trois quarts au moins de ce qui me déplaît ; des connaissances nouvelles, mais qu'il m'est impossible d'éviter, tant que je serai liée où je suis, m'empêchent de cultiver les anciennes, ou de m'occuper chez moi selon mon gré. C'est une mode établie de dîner ou souper avec moi, parce que quelques duchesses m'ont fait cet honneur. Il est des personnes dont les bontés, dont les bienveillances me charment et me suffiraient, mais auxquelles je ne puis me livrer, parce que je suis au public, et qu'il faut absolument ou répondre à toutes celles qui ont envie de me connaître, ou passer pour impertinente. Quelque soin que j'y apporte, je ne laisse pas de mécontenter. Si ma pauvre santé, qui est faible, comme vous savez, me fait refuser ou manquer à une partie de dames que je n'aurais jamais vues, qui ne se soucient de moi que par curiosité ou, si je l'ose dire, par air, car il en entre dans tout : « Vraiment, dit l'une, elle fait la merveilleuse ! » Une autre ajoute : « C'est que nous ne sommes pas titrées ! » Si je suis sérieuse, car on ne peut être fort gaie avec bien des gens qu'on ne connaît pas : « C'est donc là cette fille qui a tant d'esprit ? », dit quelqu'un de la compagnie. « Ne voyez-vous pas qu'elle nous dédaigne, dit une autre, et qu'il faut savoir du grec pour lui plaire ? » « Elle va chez Mme de Lambert, dit une autre, cela ne vous dit-il pas le mot de l'énigme ? » Je ne sais pourquoi je vous fais tout ce détail, car j'ai bien d'autres choses à vous dire ; mais c'est que je suis encore toute remplie de nouveaux propos de cette espèce, et plus occupée que jamais du désir de devenir libre, et de n'avoir plus de cour à faire qu'à ceux qui réellement auront de la bonté pour moi, et qui satisferont et mon cœur et mon esprit. Ma vanité ne trouve point que le grand nombre dédommage du mérite réel des personnes ; je ne me soucie point de briller ; j'ai plus de plaisir cent fois à ne rien dire, mais à entendre de bonnes choses, à me trouver dans une société douce de gens sages et vertueux, qu'à être étourdie de toutes les louanges fades que l'on me prodigue à tort et à travers dans bien des endroits.

Parfois même elle exagérait. Elle citait des noms de personnages princiers, se faisait l'écho de bruits de cour, en personne qui n'est pas fâchée de faire entendre qu'elle vit, par les sociétés qu'elle fréquente, à proximité de l'Olympe des dieux, autrement dit de la cour : c'est le départ pour ses états, à contre-cœur, de Mme la princesse de Modène, fille du Régent, la déception de la princesse de Conti, déshéritée par Mme la duchesse la jeune au profit de Mlle de La Roche-sur-Yon, sa sœur, la brouille conjugale, et d'ailleurs passagère, de M. et de Mme du Maine. Une autre fois, à propos de l'exécution du comte de Horn, elle énumère, avec le sérieux d'un d'Hozier, les parentés de ce gentilhomme détrousseur et assassin : tous les Lorrains, les Montmorency, les Bouillon, Bournonville, d'Isanguiens, etc...

Et sans doute la fille de l'humble chapelier de Damery, que jusqu'alors on appelait la Le Couvreur, devenue Mlle Le Couvreur, eut-elle un moment la tête un peu tournée par sa réussite mondaine, donna-t-elle pour un temps dans ce léger travers de vanité qu'on appellerait de nos jours « snobisme ». Mais, aristocrate d'instinct, l'accoutumance lui vint vite. Et jusqu'à son dernier jour, elle sut tenir sa place avec distinction dans le meilleur monde, et même chez ces duchesses, dont il en est une au moins — on le verra plus loin — qu'il eût mieux valu pour elle ne rencontrer jamais.

On a pu juger, par les extraits que nous avons mis sous les yeux du lecteur, du style de cette femme si bien douée, « de cette langue excellente et modérée, a dit Sainte-Beuve, des commencements du XVIIIe siècle, remarquable surtout par le tour, par la justesse et la netteté, celle des Caylus, des Staal et des Aïssé. » Mais elle n'écrivait point qu'en prose. A force sans doute de réciter des vers — ne disons pas de déclamer : le mot l'eût offensée — le goût lui était venu d'en composer. Elle adressa quelque temps avant sa mort à d'Argental une épître qui obtint son succès dans les salons. Elle a laissé en outre de petits vers gracieux, médiocres et légers, bien dans le goût du temps, et que Voltaire lui-même, certains jours — les jours où il n'en faisait que de passables — n'eût peut-être pas désavoués. Par exemple, ceux qu'elle adressait à un de ses amis du grand monde, le chevalier de Beringhen :

A Bercy, sur la fin du jour,
Faisant des châteaux en Espagne,
Je pensois à votre campagne,
Et par conséquent à l'amour :
Quand je crus voir ce Dieu paraître
Avec son flambeau dans les airs,
Qui semblait ne plus reconnaître
Ces lieux qu'il a rendus déserts.
Il parcourt, plein d'impatience,
D'un bout à l'autre le château.
. . . .
Il dit : Le spectacle est nouveau.
Eh ! quoi, les grâces sont cachées
Et les ris sont muets et sourds ?
... — Ne connais-tu pas ton ouvrage,
Perfide, lui dis-je à mon tour ?
Si tu voulais, sur ce rivage
On verrait une belle image
De tout ce qui brille en ta cour.
Bacchus, dont tu fais la disgrâce,
Avec Comus y prendrait place,
Et chacun y serait content.
— Il m'interrompit pour me dire :
Je m'en vais sur le champ écrire
Au commandeur de Beringhen.

Plaçons maintenant le portrait dans son cadre ; et pour achever de connaître Mlle Le Couvreur, entrons, si vous voulez bien, dans sa maison. Nous le pouvons. Le petit hôtel sur rue et cour dit hôtel de Rannes, qu'elle habitait rue des Marais, existe encore : il porte, de nos jours, le nº 21 de la rue Visconti. De plus, grâce aux inventaires établis après la mort par les hommes de loi (1), il nous est loisible de reconstituer sinon toute la demeure, du moins les deux pièces qui nous intéressent le plus : d'abord celle où la célèbre comédienne vécut la plus grande partie des treize années qu'elle habita l'hôtel, sa chambre à coucher, et sa bibliothèque, qui nous renseignera sur la culture et les habitudes de son esprit.

Franchissons le portail voûté, pénétrons dans la cour, sur laquelle s'ouvrent l'écurie, la remise et la cuisine. Montons par le grand escalier au premier étage ; puis, ayant traversé une antichambre et un passage servant de garde-robe, soulevons une portière de tapisserie et poussons la porte. Entrons, mais avec respect : c'est dans cette chambre, jadis celle de la Champmeslé, maintenant celle de Mlle Le Couvreur, qu'est mort leur dieu : Racine (2).

Elle est tendue tout entière d'un damas cramoisi sur lequel sont appliquées six tapisseries des Flandres à verdure et à petits personnages. Au-dessus de la che-

(1) Publiés en grande partie par G. Monval, ouvrage déjà cité.
(2) Voir la note de la page 47.

minée, un trumeau de deux glaces, surmonté d'une toile où folâtrent des Amours : auprès, sur un pied de marquetterie, une grande pendule sonnante de Boucherat, à figures de cuivre doré. Vis-à-vis des hautes fenêtres, le grand lit, de forme dite « à tombeau », sur lequel est jeté un couvre-pied blanc, à bouquets rouges, doublé de taffetas citron; en face, un clavecin de bois précieux, peint à la chinoise. De chaque côté de la cheminée, masquée, dans la belle saison, d'un petit écran de satin blanc et à tablette, sont deux profondes, engageantes bergères, garnies de soie or et argent avec bordure de damas vert. Une chaise-longue est protégée par un paravent à six feuilles, lui aussi à sujets chinois. En face, contre la tenture, une armoire en palissandre à deux panneaux, dont l'un de glace. Sur une console de bois doré, un chandelier d'argent avec garde-vue de soie et deux vases de porcelaine fine, où des fleurs achèvent de mourir. Deux autres bergères, un canapé de damas vert et un de maroquin noir complètent l'ameublement.

Tel est, à peu de chose près, l'intime sanctuaire. Le cramoisi et le vert y dominent : ce sont là, on le voit, couleurs sérieuses, comme l'humeur de la maîtresse de la maison, ou du moins celle qu'elle entend qu'on lui reconnaisse. On devine que si quelques élus y sont admis de temps à autre, ce sont, plus que ceux de l'amour, ceux de l'amitié : car le temps n'est pas encore où les demeures élégantes possèderont cette pièce spécialement réservée aux visiteurs et qu'on appellera un salon. Il est infiniment probable que ceux de Mlle Le Couvreur, comme, au siècle précédent, ceux de la marquise de Rambouillet, étaient reçus dans la chambre à coucher, dans la « ruelle ». Et c'est là qu'il faut se représenter les fidèles — d'Argental, Du Marsais, Voltaire, Rochemore — qu'on imagine assis en demi-cercle dans les moelleuses bergères, et faisant assaut de nouvelles et d'esprit auprès d'Adrienne, étendue sur sa chaise-longue, et frileusement enveloppée dans quelque robe de chambre « de soie olive, doublée de taffetas rayé, et parementée de réseau d'argent ». Et le tableau s'accorde à merveille avec l'idée qu'a souhaité nous laisser d'elle une femme se piquant de n'avoir de coquetterie que juste ce qu'il en fallait, et de préférer à tout — c'est elle-même qui le dit — le plaisir « non de briller, mais d'entendre de bonnes choses et la société d'un petit nombre d'amis sages et vertueux ».

C'est au second étage que sont les livres. Et ici nous ne pouvons nous défendre d'une légère déception. Mlle Le Couvreur, qui possède d'admirables bijoux et une somptueuse vaisselle d'argent (elle put en tirer un jour les quarante mille francs envoyés au comte de Saxe pour son expédition de Courlande), n'a pas, à vrai dire, de bibliothèque. Car on ne saurait donner ce nom aux quelques centaines de volumes plus ou moins dépareillés, et la plupart brochés, qui sont enfermés, ou plutôt empilés dans les deux armoires d'un petit cabinet donnant sur la terrasse et du passage y conduisant. Aucune méthode, aucune préférence raisonnée n'a présidé à leur choix. Le hasard seul semble les avoir réunis : le *Dictionnaire* de Bayle voisine avec celui de Moreri, une *Histoire de France*, du P. Daniel, avec les *Révolutions d'Angleterre*, du P. d'Orléans. Les œuvres de Rabelais en sont, il est vrai, et les *Fables de La Fontaine*, celles-ci, par exception, magnifiquement reliées, car c'est le cadeau d'un ami généreux. Mais on y trouve aussi les *Poésies* de Mme Deshoulières, pêle-mêle avec l'*Histoire d'Alpharache*, un roman médiocre de Le Sage, les *Comptes faits* de Barême, les *Lettres* de Mme Desnoyers. Les *Mémoires* de Sully, ceux de Mme de Motteville, de Monglat, ne compensent pas la futilité de dix-sept volumes de « différents opéras », la plupart tombés en oubli. Le fonds professionnel lui-même est étonnamment indigent : les œuvres de Racine, quelques volumes de pièces de théâtre, dont un Molière dépareillé, et c'est à peu près tout ; le grand Corneille n'y figure pas. Le reste, à l'estimation du libraire « priseur », ne vaut pas l'honneur d'être catalogué.

Et de tout ceci l'on pourrait certes inférer que Mlle Le Couvreur, chez elle, ne donnait habituellement que peu de temps à la lecture. Elle connaissait pourtant les bons auteurs et s'était formée à leur école : son style suffirait à le prouver. Mais, sans doute, avec la facilité, la promptitude d'esprit qui la distinguaient, les lire une fois lui avait-il suffi pour s'assimiler tout ce qu'elle en devait prendre ; et elle n'eut pas besoin de les feuilleter souvent pour qu'aujourd'hui nous retrouvions dans ses lettres la preuve évidente qu'elle les avait lus, et bien lus.

CHAPITRE V

Maurice de Saxe

On a vu que la première jeunesse d'Adrienne Le Couvreur n'avait pas été exempte d'aventures amoureuses. Devenue une actrice célèbre et l'une des gloires de la Comédie-Française, elle ne se crut pas obligée de bannir toute galanterie de sa vie. Elle ne se singularisa point par trop de vertu : elle fut, mais sans scandale et toujours avec élégance, de son état, de son sexe — et de son époque, celle de la Régence.

Il ne semble point qu'elle ait renouvelé l'expérience de Clavel : ses camarades de théâtre, dont elle se sentait de plus en plus lointaine par les aspirations et par le caractère, ne furent pour elle que des camarades ; et si elle se permit parfois quelque fantaisie romanesque, plus ou moins durable, ce fut toujours dans une sphère relativement supérieure. Car plus elle avait le sentiment de s'élever elle-même, plus elle était attirée par l'aristocratie de la personne ou de l'esprit. Elle prétendait choisir autant que possible au-dessus d'elle. Un peu d'orgueil, de vanité même, fut toujours, à défaut de vertu, la meilleure défense d'une femme contre les redoutables et compromettantes surprises du cœur ou des sens.

Des quelques favoris qu'on lui prête, depuis qu'elle est une grande sociétaire de la Maison de Molière, il n'en est aucun qui, socialement ou moralement, puisse la faire déchoir, la diminuer dans l'opinion ou à ses propres yeux. On cite Prungent, intendant de la duchesse de Brunswick, palatine de Bavière, fort honnête homme, qui, dit le Journal de Barbier, « mange avec elle beaucoup d'argent » ; le chevalier de Rohan, Voltaire, auteur débutant mais aussitôt célèbre, milord Petersborough, un original, le grand seigneur anglais qui lui disait avec son flegme britannique : « Allons ! qu'on me montre beaucoup d'amour et beaucoup d'esprit. »

Le premier et le dernier, hommes riches, sont des protecteurs plus que des amants. Il faut les passer à notre héroïne : le théâtre n'enrichissait point et elle avait sa fortune à faire. Ne lui tenons pas rigueur d'avoir alors su administrer ses faiblesses de femme aussi heureusement que sa carrière d'artiste. Après Prungent et Petersborough, et sans doute quelques autres, elle se trouva plus qu'à son aise, puisqu'à sa mort on put évaluer sa succession à trois cent mille livres, somme considérable pour le temps. Elle se crut alors libérée de la galanterie, et en situation de se donner toute à son art. Elle se trompait : l'heure avait sonné de l'amour, du grand amour — de la passion qui devait enchanter et torturer sa vie.

En 1720 débarquait à Paris, venant de Dresde, une manière d'aventurier royal, de prince de la main gauche, qu'on appelait le comte de Saxe. Fils naturel d'Auguste II, roi de Pologne, et de la belle Aurore de Kœnigsmark, il arrivait précédé d'une légende guerrière qui n'était d'ailleurs que de l'histoire : héros précoce, de douze à quatorze ans il avait combattu un peu partout, en Pologne, dans les Pays-Bas, en Poméranie ; et à vingt-quatre ans, il comptait déjà onze campagnes. Banni de Dresde à la suite d'aventures trop galantes, et notamment d'un flagrant délit d'adultère avec une suivante de la jeune comtesse de Léoben, sa femme, il venait se mettre au service de la France. Reçu avec distinction par le Régent, qui, au débotté, lui fit expédier un brevet de maréchal de camp, il devint aussitôt le roi de la mode et la coqueluche des dames.

De stature moyenne, mais taillé en Hercule, le jeune comte avait les yeux bleus, le regard noble et martial. Un sourire plein de grâce corrigeait le plus heureusement du monde la rudesse qu'un teint basané et d'épais sourcils noirs eussent risqué de donner à la physionomie. Toute sa personne respirait la franchise et commandait la sympathie. Il était d'une force extraordinaire, et l'on assurait qu'il brisait un fer à cheval dans sa main et, par la seule pression de ses cinq doigts, transformait un gros clou de maréchal en tire-bouchon. Riche de tous les dons, il avait par surcroît, écrit un contemporain, « du penchant à la tendresse et passait pour y avoir des talents supérieurs, mérite qui l'avait mis en grande considération auprès des femmes ». Ce favori de la mode naturellement vint à la Comédie et fut présenté à Adrienne : et tout de suite sa haute mine et le charme robuste qui émanait de ce jeune Alcide firent une vive impression sur une âme tendre, depuis trop longtemps sevrée d'amour, et peut-être déjà à demi conquise par la mauvaise réputation d'un bourreau des cœurs.

Sans doute furent-ils quelque temps en coquetterie vis-à-vis l'un de l'autre. La lettre suivante, dont on peut supposer avec vraisemblance qu'il fut le destinataire, semble indiquer qu'il soumit à un moment le caprice naissant de la comédienne à l'épreuve classique d'un feint départ :

Je suis très fâchée de ne vous point voir ; mais je ne puis blâmer votre conduite. J'applaudirai toujours à la volonté que vous avez de remplir tous vos devoirs. J'avais refusé de dîner chez Mme de L... (1) dans la seule espérance de dîner avec vous ; mais la préférence était due aux personnes à qui vous la donnez, et d'ailleurs je me flatte que ce n'est pas sans peine que vous vous y êtes déterminé. Ce n'est point là ce que j'appelle timidité, ni ce que je voudrais changer en vous. Je vous verrai donc tantôt pour la dernière fois ? Il faut vous armer de courage et donner à la

(1) Mme de Lambert ?

constance ce que vous ôterez à la douleur. Je ne veux point vous voir souffrir et je désire que vous me soyez longtemps attaché. Adieu, je vous attendrai avec moins d'impatience que si vous ne me deviez pas quitter pour bien du temps, et je vous verrai avec bien moins de plaisir que si j'étais sûre de vivre avec vous toute ma vie.

A le voir presque chaque jour, elle ne fut pas longue à s'apercevoir que ce bâtard de roi — qu'elle aimait peut-être aussi d'être une sorte de prince, et qui devait se faire le nom d'un des plus grands capitaines de son temps — avait reçu de la nature les dons et les défauts éclatants du génie. Et c'est peut-être pour ceux-ci surtout qu'elle l'adora. La passion véritable est ingénieuse : une femme digne de ce nom et qui aime arrive toujours, au moins pour un temps, à se faire aimer. Le volage qu'était Maurice de Saxe se prit donc aux filets de la magicienne : il en vint à oublier d'être infidèle, et même ambitieux. Pendant trois années, on put voir un autre Hercule, interrompant tous ses travaux, filer le parfait amour aux pieds d'une nouvelle Omphale : et ces deux tourtereaux illustres donnèrent si joliment à leurs contemporains — qui avaient été ceux de Mgr le Régent — le scandale d'un bonheur sans nuages et d'une fidélité mutuelle, qu'on alla jusqu'à évoquer à leur propos, et non peut-être sans quelque ironie, la douce fable roucoulante des *Deux Pigeons*.

Aussi n'accorderons-nous qu'une créance médiocre à une anecdote qui courut alors les ruelles, et d'après laquelle, si elle était véridique, Mlle Le Couvreur, même au temps de sa grande passion pour le comte de Saxe, ne se serait pas refusée à consoler ceux de ses amis de cœur qui n'acceptaient point d'avoir à jamais perdu ses bontés. Il faudrait alors admettre que cette grande amoureuse, entrée comme telle dans la légende, aurait, dans son for intérieur, partagé l'opinion célèbre de son aînée Mme de Tencin, la tante de d'Argental, laquelle disait en parlant des hommes et des réalités de l'amour : « Cela nous coûte si peu, et cela leur fait tant de plaisir ! »

Quoi qu'il en soit, voici l'anecdote telle qu'on la contait. L'un de ces anciens amis, que la belle n'avait pas eu le courage de sacrifier tout à fait, avait fini par donner quelque ombrage à l'homme aimé ; celui-ci résolut d'en avoir le cœur net. Un soir, persuadé que son rival n'attendait que son départ pour le remplacer, il prit congé un peu plus tôt que de coutume. Mais une fois dehors, s'étant arraché un cheveu, il le fixa avec de la cire à l'un et l'autre battants de la porte par laquelle il venait de sortir, celle de la chambre à coucher. Revenu à l'improviste une heure après, il constatait que la frêle barrière avait été rompue. Une scène violente s'en serait suivie, d'où l'imprudente, rouée et habile aux larmes comme elle était, aurait naturellement su se tirer blanche comme neige, réussissant même à obtenir des excuses pour avoir été injustement soupçonnée.

On doit convenir que l'histoire — on dirait d'un conte

de Crébillon fils — est assez plaisante, et fait honneur à l'imagination des bonnes camarades qui, sans doute, l'avaient inventée de toutes pièces. Mais elle excède par trop les bornes de la vraisemblance, mise au compte d'une maîtresse si sincèrement éprise, qui, du jour où elle connut Maurice de Saxe, ne vécut plus que pour lui, et que son amour détournait de tout ce qui n'était pas cet amour.

Le temps viendra pourtant où le futur maréchal ne méritera plus cette fidélité exemplaire. A l'expiration des trois années de l'éblouissante lune de miel, le jeune colonel (il vient d'acheter le régiment de Greber, qui désormais portera son nom) s'est réveillé un matin las d'être trop heureux. Il ne quittera pas la pauvre Adrienne, dont il se sent si tendrement, si uniquement aimé. Mais, tout en évitant l'inélégance de rompre, il se glissera hors de ses chaînes de fleurs, il retournera avec délices à l'inconstance, sa vraie nature. Et de ce jour, maîtresse trompée comme une femme légitime, l'actrice célèbre, de plus en plus amoureuse, commencera à gravir son calvaire : elle en arrivera à écrire à un ami en un jour de larmes « qu'elle sait trop par expérience qu'on ne meurt pas de chagrin ». Bientôt les infidélités de Maurice ne se comptent plus : jusqu'aux chambrières, tout est bon pour l'appétit de ce Gargantua de l'amour. Adrienne, qui semble n'avoir eu de philosophie que dans sa correspondance, souffre cruellement dans sa fierté et dans son cœur.

Mais une épreuve plus grande l'attend. Le bâtard de Saxe n'est pas qu'un amateur forcené du beau sexe : c'est aussi un grand ambitieux. En 1725, le duché de Courlande devient vacant : Maurice s'avise d'en revendiquer la souveraineté. Il part, infligeant à sa fidèle amie le supplice qui pour une âme aimante les contient tous : l'absence. Mais l'expédition tourne mal. Le prétendant est à court d'argent et fait appel à ses amis de France. La généreuse Adrienne n'hésite pas : vendant ses diamants et son argenterie, elle en tire quarante mille livres qu'elle envoie au comte. Les affaires de celui-ci n'en vont pas mieux : malgré son extraordinaire bravoure et ses talents précoces, il échoue définitivement. Don Juan incorrigible, il avait entre temps noué et mené à bien, simultanément, une double intrigue : l'une avec la douairière de Courlande Anna Ioannowna, future impératrice de Russie, l'autre avec une fille d'honneur de cette princesse.

Pourtant, pas un instant, la délaissée n'a cessé de penser à l'ingrat. On ne possède point leur correspondance, et cela est infiniment regrettable. On serait assez curieux de voir comment tournait ses lettres d'amour ce Maurice de Saxe qui, devenu maréchal de France et sollicité d'accepter un fauteuil à l'Académie, refusait en ces termes, dont l'orthographe semble être à elle seule la réponse hautaine de l'homme de guerre à des littérateurs indiscrètement courtisans : « *Ils veule me fere de la cadé-*

mie : cela m'iret comme une bage à un chas. » Mais surtout on a peine à prendre son parti de la perte des lettres adressées par la grande amoureuse à l'homme qu'elle a le plus passionnément aimé. Et songeant à ce qu'on connaît de son âme et aussi de son style, on ne peut s'empêcher de se dire que peut-être la littérature de l'amour s'en trouve appauvrie de quelques pages comparables aux lettres de Mlle de Lespinasse ou de la Religieuse portugaise.

Ce qu'on sait, c'est qu'elle tremble à tous moments pour lui. Elle écrit à un intime :

Il n'est pas trop bien de laisser ses amis dans la tristesse ; mais si vous la craignez, vous pouvez revenir, je suis rassurée. Deux personnes qui me sont chères étaient en très grand péril. L'une (*d'Argental, atteint de la variole*) était à l'agonie ; et l'autre courait de furieux dangers par des accidents imprévus. On m'assure que je ne perdrai ni l'une ni l'autre, et je suis bien plus tranquille...

Un autre jour, elle s'indigne contre le roi de Pologne, qu'on accuse de combattre en sous-main la candidature de son glorieux fils naturel :

De Paris, le 31 décembre 1726.

... J'ai été très longtemps sans recevoir des nouvelles, et puis j'ai reçu neuf paquets en deux jours. Le charme est cessé, et depuis j'en reçois deux fois la semaine régulièrement. Il est impossible, quand on voit tous les détails de cette affaire, de n'être pas dans la dernière des impatiences contre le père ; la conduite de l'un est aussi blâmable et inconcevable que celle de l'autre est intéressante et digne, et habile au milieu de tous les revers. Mais que faire contre la force et la faiblesse honteuse d'un roi qui se laisse gouverner par le plus cruel ennemi de sa gloire (1) et par l'homme du monde le plus déchaîné contre ce fils dont il n'est pas digne ? Assurément, ils ont autorisé tout ce qui lui était contraire par haine, par envie et par intérêt, et découragé ceux qui voulaient contribuer à une si belle entreprise. Les anciens rivaux, qu'un seul mot pouvait confondre, recommencent de plus belle, depuis la proscription prononcée par la diète et signée par le roi. Concevez-vous que l'on ait pu signer un acte qui mette cette tête à prix ?... Toute cette affaire ressemble à un roman, et je meurs de crainte d'approcher de la catastrophe. En vérité, cela serait affreux, et je ne puis dire à quel point j'en suis tourmentée !

Enfin, après trois années — trois siècles pour la comédienne — le comte de Saxe revient, en France, toujours jeune — plus jeune qu'elle — toujours charmant, peut-être plus encore, mais quant à ses affaires, à peu près aussi mal en point que le pigeon de la fable une fois de plus prophétique.

Quelle joie pour l'amie fidèle ! Et qu'on sent d'autant plus intense qu'elle s'en défend aux yeux du monde, comme pour en jouir plus profondément dans son cœur. C'est par ces mots presque indifférents qu'elle annonce le retour de celui qui est devenu sa vie, et qu'elle se retient même de nommer :

(1) Le comte de Flemming, premier ministre.

je suplie la compagnie de ne point conter sur moy pour jeudi dans britannicus si mlle aubert y joüe agripine s'y l'on peut engager mademoiselle Dangeville a avoir la bonté de jouer junie on me fera grand plaisir mais rien ne me poura determiner a changer la resolution que j'ay prise de ne point jouer avec mlle aubert

Adrienne Lecouvreur,

29 Décembre 1721.

BILLET AUTOGRAPHE
D'ADRIENNE LE COUVREUR
(ARCHIVES DE LA COMÉDIE FRANÇAISE)

Une personne attendue depuis très longtemps arrive enfin ce soir, selon les apparences en assez bonne santé. Un courrier vient de devancer, parce que la berline est cassée à trente lieues. On a fait partir une chaise, et ce soir on sera ici.

Voilà nos gens rejoints, sommes-nous tentés de nous écrier avec le bon La Fontaine,

> ... Et je laisse à juger
> De combien de plaisir ils payèrent leurs peines !

Hélas ! c'est ici que la douce fable cesse d'être vérité. Les joies du retour furent brèves. Le fils d'Aurore de Kœnigsmark, au cours de sa randonnée poméranienne, avait achevé de ramasser ce qui lui restait à prendre de l'humeur d'un pandour, et ne concevait plus guère l'amour qu'à la houzarde. Une fois émoussé le médiocre attrait d'un revenez-y, il se découvrit de plus en plus las d'une amante trop tendre, trop sérieuse, parfois jusqu'à la mélancolie. D'ailleurs, depuis peu, son turbulent génie avait donné à la tragédienne une rivale d'un nouveau genre et des plus inattendues. Renonçant aux lauriers de Bellone et ambitionnant maintenant la gloire de l'ingénieur, il s'était pris de passion pour une science exacte : la mécanique. On pouvait dire de lui ce qu'on avait dit du grand Condé : « C'est un esprit auquel il faut donner de l'emploi. » Le futur vainqueur de Fontenoy rêvait d'une galère sans voiles ni rames qui, à l'aide d'un mécanisme, devait remonter la Seine, de Rouen à Paris, en vingt-quatre heures. Il en dressa les plans, sollicita un privilège, et engloutit des sommes énormes dans son invention. Adrienne encore une fois lui vint en aide : « Qu'allait-il faire dans cette galère ? » se contenta-t-elle de dire en souriant.

Elle n'ignorait pourtant pas que notre inventeur se délassait de ses travaux dans la société galante d'une chanteuse de l'Opéra, la petite Cartou, moins connue pour son talent que pour la liberté de son langage et ses « mots » de gamin de Paris. Mais elle ne faisait pas à cette fille l'honneur de la craindre, tant elle la jugeait incapable d'inspirer un attachement durable : elle se disait que son amour à elle était comme un port tranquille et sûr où le volage reviendrait toujours. Elle vivait donc dans une relative sécurité de cœur, lorsque le destin lui suscita une autre rivale, mais celle-ci infiniment plus redoutable que la mécanique ou la petite Cartou.

La jeune duchesse de Bouillon, née Louise-Henriette-Françoise de Lorraine, était la quatrième femme du chef de la maison de La Tour d'Auvergne, l'une des plus en vue du royaume, puisqu'au prestige d'un nom dix fois séculaire, elle joignait la gloire d'avoir donné Turenne à la France. La duchesse était fort belle : « Plus grande que petite, ni grasse ni maigre, le visage ovale rond par le bas, le front grand, de grands yeux noirs ainsi que les sourcils, les cheveux bruns ; la bouche fort relevée et des lèvres très vermeilles; une grande mouche près de l'œil droit. » Quant au caractère, elle passait pour capricieuse, violente, emportée. Elle était par surcroît des plus galantes. Son amant en titre était une Altesse, le comte de Clermont. Mais cette concession faite au rang de son époux, cette grande dame ne se montrait pas trop difficile dans le choix de ses favoris. C'est ainsi qu'elle passait pour avoir eu des bontés pour de simples acteurs, entre autres pour le comédien Quinault-Dufresne et le chanteur Tribou. Mme de Bouillon, ayant rencontré le comte de Saxe dans le monde, se prit pour lui de fantaisie, et résolut d'attacher l'aventurier royal à son char.

Celui-ci n'était pas homme à ne point s'apercevoir qu'une jolie femme lui faisait les yeux doux, ni à ne pas répondre à ses avances. Il possédait dans les environs de Paris une maison de chasse: il y invita la duchesse, et comme on était dans la semaine de Pâques, pendant laquelle les théâtres étaient fermés, c'est à Adrienne naturellement qu'il demanda de l'aider à faire les honneurs. Mme de Bouillon, au retour, n'eut garde de ne point rendre la politesse : elle s'empressa de convier le couple à sa fastueuse maison de Pontoise et, au témoignage d'un de ses familiers, l'abbé Aunillon, traita la tragédienne « en reine », peut-être en compensation de ce qu'elle se proposait de lui prendre son amant. Que se passa-t-il pendant ce séjour ? La chronique ne le dit point. Il est probable que Mlle Le Couvreur eut la mauvaise chance d'y surprendre quelques indices d'une intimité déjà trop tendre. Rentrée à Paris, elle somma le comte de se justifier ; et sans doute celui-ci n'y réussit point : car une brouille s'ensuivit, au cours de laquelle, un soir, à une représentation de *Phèdre*, Adrienne, exaspérée par la vue de l'infidèle entrant dans l'orchestre au moment où elle criait au fils de Thésée :

A défaut de ton bras, prête-moi ton épée !

n'aurait pu se retenir de lancer le glaive du vertueux Hippolyte « dans l'estomac du comte, à la vue de trois mille spectateurs. »

Disons-le tout de suite, l'anecdote nous semble aussi suspecte que la précédente, celle du cheveu révélateur. D'une part, elle s'accorde mal avec ce que nous connaissons du caractère de notre héroïne et ce souci de distinction, de bonne tenue qu'elle eut toujours, même et surtout dans ses affaires de cœur. D'autre part, elle n'a pour garant qu'un passage d'une « Lettre à M. Rousseau », publiée trente années après la mort d'Adrienne, et dont l'auteur — un certain Bastide — n'était encore qu'un enfant de cinq ans à la date présumée de l'incident qu'il rapporte. Ajoutons que ce Bastide se montre, au moins sur un point et qui a son importance, un informateur sujet à caution, puisqu'il enfle au double le nombre des spectateurs : la salle de l'ancienne Comédie, on le sait, en contenait à grand'peine quinze cents.

D'ailleurs, à la maîtresse jalouse l'occasion ne devait pas tarder à s'offrir d'une vengeance plus éclatante, et cette fois sur sa rivale elle-même. Et l'on ne saurait s'étonner de l'empressement avec lequel elle la saisit : car, entre temps, un grief d'une gravité singulière s'était ajouté, ou avait paru s'ajouter à ceux qu'elle avait déjà.

CHAPITRE VI

Le petit abbé bossu, le scandale de *Phèdre* et la mort d'Adrienne

Un dimanche matin, comme Mlle Le Couvreur revenait de la messe, on lui remit un billet, apporté par un inconnu qui s'était présenté deux fois chez elle sans la rencontrer. Cet écrit, anonyme, était ainsi conçu :

Dimanche, 24 juillet 1729

MADEMOISELLE,

Vous serez surprise qu'une personne que vous ne connoissez point vous écrive pour vous prier de vous trouver demain lundi à cinq heures et demie du soir sur la grande terrasse du Luxembourg, où vous trouverez une personne qui vous instruira plus amplement ; vous la reconnaîtrez à ce signe : un abbé, qui frappera trois coups sur son chapeau en vous abordant.

La comédienne, vaguement inquiète, prit, après quelques hésitations, le parti d'aller au rendez-vous, accompagnée de sa camarade Mlle de la Motte, celle que, dans sa correspondance, elle nomme toujours « les Belles Jambes », et d'une autre amie. Elle y trouva un petit abbé, tout jeune et contrefait, qui, d'un air de grand mystère, lui dit qu'il se croyait obligé de l'avertir « qu'on voulait lui jouer un tour qui ne lui serait pas avantageux ». Assez émue, Mlle Le Couvreur demanda de quoi il s'agissait : elle protesta d'ailleurs qu'elle ne se connaissait pas d'ennemis — sinon, peut-être, ajouta-t-elle, du côté de l'Opéra (elle pensait à la petite Cartou), ou encore de l'hôtel de Bouillon. Mais le petit bossu répondit qu'il lui donnait seulement un avis, et qu'il ne nommerait personne. Puis il fit mine de se retirer. Cependant, sur les instances d'Adrienne, de plus en plus intriguée, il fut convenu qu'on se reverrait chez elle le surlendemain.

Elle s'empressa de prévenir le comte de Saxe, qui, après quelques jours de bouderie et déjà blasé sur les charmes de la fière duchesse, avait repris ses habitudes à l'hôtel de la rue des Marais : car il était fidèle à sa manière, qui était de revenir à Adrienne après chacune de ses infidélités. Sans prendre la chose très au sérieux, l'amant volage jugea pourtant qu'il devait à sa maîtresse d'assister à cette seconde entrevue. Deux nuits passées avaient porté conseil à Adrienne. Dès que le petit bossu eut été introduit, et avant qu'il ouvrît la bouche, elle lui déclara qu'elle était maintenant certaine qu'il ne pouvait s'agir que de Mme de Bouillon. Et ce nom, cette fois, sembla délier la langue du personnage. Il commença par se nommer : Simon Bouret, clerc tonsuré, fils d'un trésorier de France à Metz. Puis il raconta l'histoire suivante :

Peintre miniaturiste, par goût plutôt que par état,

il avait eu récemment l'occasion d'exercer ses talents chez une dame de la cour qui, pendant une séance, lui avait fait une proposition étrange. Comme il se disait grand amateur de théâtre, elle lui avait demandé s'il ne pourrait pas lier connaissance avec la demoiselle Le Couvreur — sous le prétexte, par exemple, de faire son portrait — et en profiter pour lui faire prendre adroitement un philtre amoureux. On lui en dirait davantage s'il voulait se trouver le soir même, à onze heures, à la porte des Tuileries, du côté du pont Royal. Et, en effet, s'y étant rendu, il avait été abordé par deux hommes masqués, l'un magnifiquement vêtu d'un habit brodé d'or et d'argent, l'autre ayant l'air d'un valet sans livrée, tous deux sans épée, leurs masques de bal leur faisant dans la nuit un visage moitié noir, moitié blanc. « Votre fortune est faite, lui avaient-ils dit, si vous vous montrez complaisant. Tout ce qu'on réclame de vous, c'est de faire prendre à qui vous savez certaines pastilles, qui auront pour effet de lui donner de l'indifférence pour le comte de Saxe et de l'amour pour un autre. » Et ils lui avaient promis, s'il consentait, six mille livres d'argent comptant, plus une pension viagère de six cents. On s'était revu quelques jours plus tard, à la même heure, cette fois sur la terrasse donnant sur le quai. Les deux hommes, toujours masqués, avaient demandé à Bouret s'il avait trouvé l'occasion d'entrer en relations avec la Le Couvreur. Sur sa réponse négative, ils lui avaient dit que le temps pressait, que d'ailleurs il ne risquait rien, et que, s'il arrivait que les pastilles « fissent un effet un peu violent », il ne devait point s'en émouvoir. — « Mais si cela la faisait mourir ? — Ne vous inquiétez de rien. A tout événement, on vous tiendrait prête une chaise de poste pour vous faire passer à l'étranger. »

C'est après ce colloque nocturne que l'honnête Bouret, sur le conseil de son confesseur, s'était décidé à prévenir d'urgence Mlle Le Couvreur.

— Avouez donc enfin, s'écria celle-ci lorsque le bossu eut terminé, que votre grande dame n'est autre que la duchesse de Bouillon ?

Et le petit abbé, se laissant arracher son secret, convint que c'était elle en effet.

Il est probable que le comte de Saxe n'avait point entendu sans trouble ni déplaisir l'accusation portée contre une femme à qui, somme toute, il ne devait que de la reconnaissance. Mais dans son âme impétueuse, l'indignation l'emporta sur tout autre sentiment. D'accord avec son amie, il prescrivit à Bouret de feindre l'obéissance et de se procurer une preuve matérielle du complot. Et par un hasard qu'ils auraient dû mieux admirer, celui-ci se trouva dès le lendemain en mesure de les satisfaire. Le soir du même jour, comme il prenait le frais sur le pas de sa porte, un Savoyard vint l'avertir que deux de ses amis l'attendaient sur le quai de l'Ecole. Il s'y rendit et y trouva, enveloppés de leurs manteaux, les deux masques qui lui reprochèrent de les avoir trahis et, le prenant à la gorge, le menacèrent de le tuer sur place. Bouret ayant protesté qu'il était prêt à exécuter la chose, ils lui tinrent ce langage : « Trouvez-vous demain, à trois heures, près du pont Tournant, comme si vous vouliez aller à la statue de Mercure ; en montant vous trouverez, au bout de la terrasse du côté des Feuillants, un petit chemin garni d'ifs taillés en rond et en carré ; dans le second if carré, taillé en pyramide, à main droite, vous trouverez un petit paquet enveloppé de papier ; et dans ce paquet des pastilles dont il y en a de bonnes, et trois enveloppées dans un papier particulier, dont vous devez vous servir pour donner à la Le Couvreur, lorsque vous en trouverez l'occasion ; mais il faut auparavant que vous puissiez avoir le portrait du comte de Saxe pour le remettre entre nos mains. »

Bouret ne manqua pas de venir le lendemain faire son rapport au comte de Saxe et à Mlle Le Couvreur. Et ce récit, de plus en plus étrange, que nous avons résumé d'après les papiers de la Bastille (1) et qui, de nos jours, ne paraîtrait pas déplacé dans un roman-feuilleton, ne sembla invraisemblable ni au grand homme de guerre ni à sa maîtresse. L'un et l'autre furent d'avis qu'il fallait aller chercher les pastilles. Et le bossu, s'étant rendu aux Tuileries sur les trois heures, en revint

(1) Cf. l'ouvrage de G. Monval, déjà cité.

porteur d'un petit paquet « de la longueur d'un grand doigt ». Mlle Le Couvreur, l'ayant ouvert, y trouva plusieurs pastilles blanches, dont trois enveloppées à part. On flaira celles-ci, et l'odeur en parut si suspecte qu'on n'hésita plus à saisir la justice en la personne du lieutenant de police.

Le titulaire de cette charge importante n'était plus M. le comte d'Argenson, comme au temps lointain de la représentation de la rue Garancière. Son successeur était un M. Hérault, simple bourgeois, mais administrateur énergique, et de la bonne école, préférant un peu d'arbitraire à un gros scandale. Assez ennuyé d'une affaire où pouvait se trouver compromis un des plus grands noms du royaume, il commença par mettre à l'ombre l'accusateur, afin de couper court à ses bavardages. Et le soir même, à dix heures, Bouret fut arrêté chez lui par un exempt porteur d'une lettre de cachet, et conduit à la prison de Saint-Lazare. C'était le 29 juillet. Deux jours après, la généreuse Adrienne écrivait au magistrat en faveur du prisonnier, victime de son zèle pour elle :

Je lui ai parlé et fait parler souvent et longtemps, et toujours il a répondu avec suite et ingénuité. Ce n'est pas que je désire qu'il dise vrai ; j'ai cent fois plus de raisons pour souhaiter qu'il soit fou. Eh ! plût à Dieu qu'il n'y eût qu'à solliciter sa grâce ! Mais, s'il est innocent, songez, monsieur, quel intérêt je dois prendre à ses jours, et combien cette incertitude est cruelle pour moi. Ne regardez point mon état ni ma naissance, daignez voir mon âme, qui est sincère et à découvert dans cette lettre.

En même temps, elle faisait passer au jeune abbé, dans son cachot, de l'argent, du linge et des livres, s'employant autant qu'il était en son pouvoir à lui adoucir les rigueurs d'une captivité imméritée.

Cependant, le savant M. Geoffroy, chimiste et membre de l'Académie des sciences, avait procédé discrètement, sur l'ordre du lieutenant de police, à l'analyse des fameuses pastilles : en ayant fait l'expérience sur un chien, il avait conclu « que quelques-unes pouvaient sembler douteuses, mais que la quantité n'était pas suffisante pour permettre d'asseoir un jugement. »

M. Hérault n'en demandait pas davantage. D'ailleurs, il avait son opinion faite. C'était celle de son subordonné le commissaire Camuset, dont il avait le rapport sous les yeux, et qui seul, dès le premier jour, paraît avoir vu clair dans l'affaire :

5 août 1729.

J'ai l'honneur de vous envoyer l'interrogatoire que vous m'avez ordonné de faire à Bouret, détenu à Saint-Lazare. Il m'a fait un récit de l'affaire dont est question, tel que vous m'aviez fait l'honneur de me le dire ; mais plusieurs circonstances font connaître que cette prétendue aventure a été inventée par ce jeune homme, ou dans des vues de récompense, ou par une malice étudiée. Je ne sais pas même si, tout laid et tout contrefait qu'il est, il ne serait pas devenu amoureux de la demoiselle qui est la principale intéressée.

En conséquence, le 23 octobre 1729 — après trois mois de détention — le haut magistrat fit relâcher Bouret, convaincu que la leçon lui suffirait et qu'il se regarderait comme averti d'avoir à tenir désormais sa langue. Remis en liberté, le petit bossu ne manqua pas de rendre aussitôt visite à Mlle Le Couvreur. Celle-ci, en dépit des conclusions de l'expert, restait persuadée de la culpabilité de sa rivale : mais elle avait eu le temps de réfléchir. Le mauvais succès de la plainte, l'attitude des autorités, qui n'avaient sévi que contre Bouret, étaient de sûrs indices qu'en haut lieu on souhaitait ne plus entendre parler de l'affaire. Elle fut donc la première à exhorter l'abbé au silence et à ne pas courir le risque d'un second emprisonnement. Tout semblait donc terminé, ou en voie de l'être, lorsque, comme toujours, la fatalité s'en mêla.

Tombée malade à la suite de toutes ces émotions, Adrienne était restée trois semaines sans jouer. Elle ne reparut que le jeudi 10 novembre — un peu plus de quinze jours après la libération de l'abbé Bouret — dans ce rôle de Phèdre qui était l'un de ses meilleurs et où, suivant l'expression consacrée, elle faisait toujours salle comble. Et c'est à cette représentation que devait avoir lieu le scandale public auquel nous faisions allusion plus haut.

Cette rentrée de la Le Couvreur, trop longtemps éloignée de la scène au gré de ses admirateurs, était une sorte d'événement. La cour et la ville s'étaient donné rendez-vous à la Comédie pour fêter l'inimitable interprète de Racine. Mme de Lambert, la présidente de Bertier, la marquise de Simiane, petite-fille de Mme de Sévigné, la jolie Mme de Ségur, fille naturelle de feu Mgr le Régent, Mme de Fontaine-Martel, la maréchale de Besons étaient présentes, et toutes les belles amies de l'actrice à la mode, ces femmes du grand monde qui se faisaient honneur de l'admettre dans leur intimité. Parmi les hommes, d'Argental naturellement, le jeune marquis de Rochemore, Fontenelle, notre vieille connaissance Du Marais le « Philosophe », le comte de Belle-Isle, le chevalier de Beringhen et d'autres fidèles occupaient leur place, quelques-uns sur le théâtre même, sur les chaises réservées aux privilégiés. La salle, étincelante de lumières, était bondée, parterre et loges — à l'exception pourtant d'une seule, proche de la scène, qui restait vide, et l'était encore quand la pièce commença. L'apparition de Phèdre fut saluée d'un tonnerre d'applaudissements; la représentation s'annonçait triomphale. Et en effet, la tragédienne se surpassa : jamais, au dire des connaisseurs, la malheureuse épouse de Thésée ne trouva des accents plus passionnés ou plus déchirants. Le second acte s'acheva sur une ovation. Mais comme le rideau se levait sur le troisième, la porte de la loge demeurée vide s'ouvrit : la duchesse de Bouillon fit son entrée avec quelques familiers. Françoise de Lorraine s'assit sur le devant du balcon, hautaine, le masque impassible. Peut-être, avertie des bruits qui couraient sur elle, n'avait-elle d'autre dessein que d'affirmer orgueilleusement son innocence, de témoigner, devant tout Paris et devant sa prétendue victime, de son dédain pour la calomnie. Adrienne l'avait aperçue : la présence, ce soir-là, de sa rivale détestée, de celle qu'elle tenait pour une empoisonneuse, lui parut une intolérable provocation. Et, sur-le-champ, la tragédienne se chargea de venger la femme, empruntant des armes à Racine lui-même. Dans sa scène avec Œnone, Phèdre, au lieu de s'adresser à sa confidente, se tourna vers la grande dame, et la souffleta des vers fameux :

.... Je ne suis point de ces femmes hardies
Qui, goûtant dans le crime une tranquille paix,
Ont su se faire un front qui ne rougit jamais.

Le parterre, qui n'avait que trop saisi l'allusion, — « on ne sait ni par où ni comment, écrit Mlle Aïssé, l'affaire du poison était devenue publique et faisait un bruit horrible » — le parterre applaudit frénétiquement, tandis que les gens du beau monde, les amis d'Adrienne eux-mêmes, s'entre-regardaient effarés. Le scandale fut énorme ; et, telle que nous la connaissons, la duchesse n'était pas femme à le pardonner à celle qui l'avait provoqué.

Elle commença par exiger que, dès le lendemain,

la Comédie, en la personne d'un de ses doyens, vint lui présenter des excuses à l'hôtel de Bouillon. De plus, le samedi de la semaine suivante, comme Adrienne jouait *Andronic* pour les débuts de l'acteur Grandval, elle envoya sa livrée faire tapage et siffler la tragédienne.

M. de Bouillon lui-même sortit de son impassibilité conjugale et octogénaire. Instruit à son tour — le dernier sans doute en sa qualité de mari — de l'accusation portée par l'abbé Bouret contre la duchesse, le vieux seigneur avait mandé le lieutenant de police, et lui avait vertement reproché d'avoir mis le calomniateur en liberté. En conséquence, le petit bossu avait été appréhendé de nouveau et reconduit à Saint-Lazare, en vertu d'une deuxième lettre de cachet, cette fois sous l'inculpation nettement définie de « poison » ou de « faux avis donné à la célèbre comédienne Le Couvreur ».

Et tout cela n'était pas pour aider au silence qu'eût souhaité l'avisé M. Hérault. Plus que jamais les commentaires allaient leur train : on racontait partout, comme chose certaine, que Mme de Bouillon et Mlle Le Couvreur avaient été en rivalité d'amour, et que la grande dame, par jalousie, avait voulu faire empoisonner la comédienne. De son côté, dans sa prison, Bouret, pour qui les choses menaçaient de fort mal tourner s'il était prouvé qu'il avait menti, maintenait *mordicus* son accusation, la corsait de nouveaux détails qui, des interrogatoires, transpiraient dans le public. Et les choses en étaient là, lorsque se produisit la catastrophe qui, mettant fin, d'une manière singulièrement opportune, à la querelle des deux femmes, sembla donner une confirmation tragique aux soupçons pesant sur l'une d'elles.

Le mercredi 15 mars 1730, Mlle Le Couvreur, que sa mauvaise santé venait encore de contraindre à rester un mois éloignée du théâtre, jouait Jocaste dans l'*Œdipe* de Voltaire. « Avant de commencer, raconte Mlle Aïssé, qui assistait à la représentation, il lui prit une dysenterie si forte que, pendant la pièce, elle fut vingt fois à la garde-robe et rendait le sang pur. Elle faisait pitié de l'abattement et de la faiblesse dont elle était ; et quoique j'ignorasse son incommodité, je le dis deux ou trois fois à Mme de Parabère. Entre les deux pièces on nous dit son mal. Ce qui nous surprit, c'est qu'elle reparut à la petite pièce et joua dans le *Florentin*, de La Fontaine, un rôle très long et très difficile, et dont elle s'acquitta à merveille, et où elle paraissait se divertir elle-même. On lui sut un gré infini d'avoir continué pour qu'on ne dît pas, comme on l'avait fait autrefois, qu'elle avait été empoisonnée. La pauvre créature s'en alla chez elle ; et quatre jours après elle mourut, lorsqu'on la croyait hors d'affaire. » Entre temps, les médecins avaient diagnostiqué une hémorragie intestinale, peut-être provoquée par une dose d'ipécacuanha prise mal à-propos. Le comte de Saxe, Voltaire et le chirurgien Faget avaient assisté à ses derniers moments.

Devant l'invasion soudaine du mal, l'entourage de la comédienne s'était d'abord préoccupé de lui procurer les soins que réclamait son état. On avait en toute hâte mandé des médecins, avant de s'aviser d'appeler un prêtre. Cependant, il a été raconté que, le matin même de sa mort, un vicaire de Saint-Sulpice, sa paroisse, était venu la visiter :

— « Je sais ce qui vous amène, monsieur l'abbé, lui aurait-elle dit. Mais soyez tranquille, je n'ai point oublié vos pauvres... »

Et se tournant vers un buste de Maurice, elle se serait écriée :

Voilà mon univers, mon espoir et mes dieux !

Telle aurait été la dernière parole, la profession de foi suprême de cette grande amoureuse : et la légende — accréditée sans doute par ses amis les futurs Encyclopédistes, et peut-être leur ouvrage — n'est pas sans quelque théâtrale beauté. Le malheur est qu'elle soit contredite par le testament même de la pauvre Le Couvreur, écrit de sa main l'année précédente (1) et

(1) Ce testament, daté du 7 avril 1729, débute ainsi :

« Au nom du Père et du Fils et du Saint-Esprit,

« Cecy est mon testament.

« Je recommande mon âme à Dieu et je le supplie de me faire miséricorde... » D'Argental est institué légataire « unique universel ». Mais ce legs à l'ami dévoué n'est qu'un fidéicommis. En réalité, il a accepté la mission désintéressée de partager la fortune d'Adrienne entre ses deux filles naturelles, dont l'une épousa François Francœur, premier violon, puis directeur de l'Opéra, et l'autre, un sieur Daudet, magistrat de Strasbourg.

duquel il résulte qu'elle entendait mourir en chrétienne. Son vœu ne devait pas être exaucé. Lorsque le curé de Saint-Sulpice, l'abbé Longuet, arriva en personne rue des Marais, son ministère n'était plus nécessaire : la comédienne venait de rendre le dernier soupir, sans avoir eu le temps de faire la renonciation rituelle, et privée de ces derniers sacrements que pourtant « elle avait témoigné un extrême désir de recevoir ».

Le lendemain mardi, la Comédie faisait relâche, et des affiches encadrées de noir annonçaient au public la mort de la grande actrice qui était depuis treize années son idole. La nouvelle, éclatant comme un coup de tonnerre, et dans quelle atmosphère de soupçons ! souleva dans Paris une émotion indescriptible : on accusa tout haut, dans les salons aussi bien que dans les faubourgs, la duchesse de Bouillon d'avoir renouvelé sa tentative et, cette fois, de n'avoir que trop réussi.

En présence de l'effervescence populaire, les intimes de la morte et ceux-là même qui, comme Voltaire, étaient le plus rebelles à l'idée de poison, jugèrent indispensable de faire pratiquer l'autopsie. Le corps délicat et charmant fut ouvert, presque chaud encore, et le rapport des médecins aussitôt publié. Confirmant le diagnostic, il ne relatait que les signes d'une inflammation chronique des entrailles, très ancienne et arrivée à l'état aigu.

Il ne restait donc plus qu'à rendre les honneurs

funèbres à la comédienne regrettée, lorsqu'on apprit que le curé de Saint-Sulpice refusait de laisser entrer le corps dans l'église, pour le motif que la défunte n'avait pas fait l'acte de renonciation au théâtre, exigé de ceux de sa profession : ainsi, jadis, Saint-Eustache avait été fermé à la dépouille de Molière.

Cette décision n'était pas pour calmer l'agitation d'un public de plus en plus persuadé que la malheureuse Adrienne n'était pas morte de sa mort naturelle. Des attroupements se formèrent dans les rues et sur les places ; on y commentait l'événement avec passion, des menaces étaient proférées contre la grande dame empoisonneuse : il y avait comme de l'émeute dans l'air. Et à une époque qui était celle des convulsionnaires de Saint-Médard, où chaque jour des scènes tumultueuses, réclamant souvent l'intervention de la police, avaient lieu sur la tombe du fameux diacre Pâris, il était impossible de prévoir ce qui se passerait le lendemain au cimetière : car si l'Eglise refusait ses prières liturgiques aux comédiens non réconciliés avec elle, sa rigueur n'allait point jusqu'à leur interdire le repos en terre chrétienne. L'auteur de *Tartufe* lui-même, puis le comédien Rosimond, mort sans confession, la Champmeslé, d'autres encore, dont l'ancien professeur d'Adrienne, le vieux Le Grand, mort depuis deux ans déjà, avaient été inhumés dans le cimetière de leur paroisse.

Il semblait donc qu'il dût en être de même pour la

pauvre Le Couvreur, lorsqu'un nouveau coup de théâtre se produisit, macabre celui-là, et qui, de la fin de cette femme de théâtre si fêtée de son vivant, devait faire une tragédie plus noire, plus poignante qu'aucune de celles qu'elle avait animées de son génie. Le jeudi matin, jour fixé pour les obsèques, les Parisiens, venus en foule rue des Marais pour prendre part au cortège, eurent la surprise de trouver close la porte de l'hôtel, que ne décorait aucune tenture funèbre. Et une stupéfiante nouvelle se répandit, courut de groupe en groupe. A minuit, le corps de la comédienne, sans cercueil, enveloppé seulement d'un drap, avait été descendu de la chambre mortuaire, placé dans un fiacre, et, sous l'escorte d'une escouade du guet, emporté au galop de deux chevaux jusqu'à un terrain vague, voisin de la Seine : là, dans ce quartier perdu, au milieu de chantiers, il avait été jeté dans un trou à même la terre, sur un lit de chaux vive. Et les colporteurs de nouvelles, les gens bien informés, ne se privaient point de raconter que cet enlèvement nocturne, cette sorte d'enfouissement clandestin avait été effectué à la requête des Bouillon, afin d'anéantir à jamais, avec ces misérables restes, les preuves d'un crime désormais avoué....

CHAPITRE VII

La légende de l'empoisonnement

C'est le propre de la légende de triompher toujours de l'histoire. Et l'aventure de la duchesse de Bouillon le prouverait s'il en était besoin : le destin de cette grande dame était de passer, aux yeux de la postérité, pour avoir empoisonné la malheureuse Adrienne Le Couvreur. Un certain nombre de ses contemporains l'ont insinué ; quelques-uns, Mlle Aïssé entre autres, l'ont affirmé. De nos jours, le théâtre s'en est mêlé. Des milliers de spectateurs ont applaudi, à la Comédie-Française, le célèbre drame de Scribe et Legouvé ; et à ceux-là il sera bien difficile de faire accepter que l'amante infortunée de Maurice de Saxe ne soit pas morte d'avoir respiré le perfide arôme d'un bouquet composé et offert par sa rivale. Si persuadé que nous soyons d'avance du peu de succès d'un effort tendant à obtenir la revision d'un si vieux procès, nous essaierons cependant, pour l'amour de ce que nous croyons vérité, de laver la mémoire de Louise-Henriette-Françoise de Lorraine de l'accusation deux fois séculaire qui pèse sur elle, de démontrer tout au moins l'inanité des témoignages et des présomptions.

Cette accusation se fonde sur trois faits : les prétendues révélations de Bouret, la mort presque subite de la tragédienne, et enfin le mystère, à la vérité assez troublant, de son inhumation précipitée.

Nous ne reviendrions pas sur le conte à dormir debout du petit abbé bossu, s'il n'était en somme à l'origine de toute l'affaire. Nous l'avons rapporté en détail, et son invraisemblance éclate aux yeux. Sainte-Beuve, dont le sens critique n'est jamais en défaut, ne s'y est pas trompé, non plus qu'un siècle avant lui, le policier Camuset, dont nous avons reproduit le rapport. Mais nous avons par surcroît la rétractation formelle du calomniateur. Le 24 août 1730, six mois après la mort d'Adrienne, le personnage, comprenant que la partie était perdue pour lui, se décidait à écrire au lieutenant de police la lettre suivante :

A Monsieur le lieutenant de police, dans son hôtel, à Paris.

MONSEIGNEUR,

Comme vous m'avez fait l'honneur de m'ordonner de dire la vérité touchant Mme la duchesse de Bouillon, je me rends à vos ordres. La voici. L'envie que j'avais de connaître la Le Couvreur m'a fait imaginer un moyen pour avoir entrée chez elle : le voici. J'ai feint d'avoir un secret à lui découvrir lequel était de ce qu'on devait lui jouer un tour qui ne lui serait point avantageux. Elle me demanda avec transport lequel était, je ne voulus lui rien découvrir, n'ayant dans le fond rien à dire. Elle me dit qu'elle n'avait rien à craindre, sinon de l'hôtel de Bouillon ou de l'Opéra : je la quittai là-dessus en lui disant que je lui donnais seulement un avis, mais que je ne lui nommerais personne. Elle me répondit que ce n'était rien faire si je ne lui montrais quels sont les coups qu'elle avait à redouter. Et qu'elle ne craignait que Mme la duchesse de Bouillon : je saisis ce mot pour m'en servir. Comme elle était frappée de ce côté-là, il me fut aisé à lui persuader ce que je voulus, sans toutefois lui dire que c'était Mme la duchesse de Bouillon. J'inventai tout ce que j'ai mis dans mes dépositions et m'ouvris une ample carrière là-dessus ; je dis oui à tort et à travers : je vous déclare, monseigneur, que Mme la duchesse est innocente de tout ce que j'ai dit ; voilà la vérité, monseigneur ; j'ai commis une grande imprudence en lui portant ce prétendu poison qui n'est rien, non plus que le page et les hommes masqués. J'implore votre clémence, monseigneur, je me jette aux genoux de votre miséricorde : pardonnez à un misérable qui n'a pour tout crime que la cervelle brouillée et beaucoup d'imprudence. Je demeure, monseigneur, avec profond respect,

Votre très humble et très obéissant serviteur,

BOURET.

On a prétendu, et Sainte-Beuve lui-même n'est pas éloigné d'admettre que cette lettre, écrite par ordre, fut pour le prisonnier — il avait été transféré à la Bastille — la rançon de sa délivrance. Cela pourrait à la rigueur se soutenir, si Bouret avait été mis en liberté aussitôt — ou presque aussitôt — après l'avoir envoyée. Mais elle lui valut simplement deux nouveaux interrogatoires, après lesquels, bien qu'il eût persisté dans sa rétractation, il fut maintenu en prison. Ce ne fut que le 3 juin de l'année suivante 1731, après vingt mois de détention — le châtiment ayant été jugé suffisant — que les portes de la Bastille s'ouvrirent pour lui. Que devint-il ? On perd à partir de ce moment la trace de cet intrigant vulgaire, à qui ses impostures avaient donné pour un temps une sorte de notoriété.

La date de sa libération — seize mois après la mort de la Le Couvreur — prouve du moins combien les affirmations de Mlle Aïssé, dont on invoqua longtemps le témoignage, doivent être tenues pour suspectes. Voici en effet ce qu'elle raconte : « Le père de l'abbé Bouret — le trésorier de France à Metz — ayant réclamé des juges pour son fils, le Cardinal premier ministre demanda à Mme de Bouillon si elle voulait que l'on instruisît cette affaire, parce qu'on ne pouvait le retenir en prison sans cela. Mme de Bouillon redoutait les éclaircissements ; et comme elle ne pouvait le faire assassiner à la Bastille, elle consentit à son élargissement... L'abbé a eu l'imprudence de rester à Paris. Il a disparu tout à coup ; on ne sait s'il est mort ; on n'en entend plus parler. *Depuis cela, la Le Couvreur a été sur ses gardes...* » Or, on vient de le voir, quand Bouret fut rendu à la liberté, la comédienne était morte depuis seize mois. Et l'on s'étonnerait de l'incroyable légèreté avec laquelle la belle Circassienne, amie du chevalier d'Aydie, se faisait l'écho de tous les bavardages, les présentait comme des vérités, si l'on ne savait qu'elle n'aimait point la duchesse, dont elle nous a laissé ce crayon peu flatteur :

« Capricieuse, violente, emportée, excessivement galante, ses goûts s'étendent depuis le prince jusqu'aux comédiens. » Il serait curieux de rechercher les causes de cette inimitié trop évidente ; et peut-être les découvrirait-on dans une de ces blessures d'amour-propre que ne pardonnent point les femmes, c'est-à-dire dans les dédains probables de l'altière descendante des Guise pour l'ancienne esclave achetée tout enfant par un ambassadeur de France sur le marché de Constantinople, et qui, en dépit du zèle qu'elle mettait à se pousser dans le grand monde, ne parvenait point à enterrer tout à fait ce souvenir.

S'il n'y avait donc que l'affaire Bouret, on pourrait tenir le procès pour jugé. Malheureusement, la mort subite de la célèbre comédienne, semblant donner raison aux bruits qui avaient couru, survint à point pour revêtir la calomnie d'une funeste apparence de vérité. Il suffit cependant d'examiner les faits d'un peu près pour se convaincre que l'événement de cette mort déplorable ne fut qu'une tragique coïncidence.

Et d'abord, une première réflexion s'impose. Comment admettre que la duchesse de Bouillon, surtout si elle n'avait pas la conscience nette, eût choisi pour renouveler sa tentative criminelle le temps même où l'opinion la tenait pour ainsi dire en surveillance, en raison des soupçons dont elle était l'objet ? N'était-il pas évident que, s'il arrivait malheur à son ennemie, elle se trouverait la première accusée ? D'ailleurs la Le Couvreur, dans l'état d'esprit où elle était et croyant avoir tout à craindre, devait certainement se tenir « sur ses gardes », selon l'expression de Mlle Aïssé. C'est pourtant celle-ci qui propose à notre crédulité l'étrange récit qu'on va lire. La date seule de l'incident suffirait à le rendre invraisemblable, puisqu'il se placerait après le scandale de la représentation de *Phèdre,* c'est-à-dire à un moment où les deux femmes ne pouvaient qu'être en état de guerre ouverte :

« Un jour, à la Comédie, après la grande pièce, madame de Bouillon envoya dire à la Le Couvreur de venir dans sa loge. Celle-ci fut extrêmement surprise, et répondit qu'elle était dans un déshabillé qui ne lui permettait pas de paraître devant elle. La duchesse envoya une seconde fois. A cette seconde semonce, elle répondit que si elle lui pardonnait de paraître, le public ne lui pardonnerait pas ; mais qu'elle se tiendrait sur son passage quand elle sortirait, pour lui obéir. Mme de Bouillon lui fit dire de n'y point manquer et, en sortant, elle la trouva, lui fit toutes sortes de caresses, lui donna beaucoup de louanges sur son jeu, et l'assura qu'elle avait eu un plaisir infini à lui voir exécuter aussi bien le rôle qu'elle avait joué. *Quelque temps après,* la Le Couvreur se trouva mal au milieu d'une pièce que l'on ne put achever... *Depuis ce jour,* elle a dépéri et maigri horriblement... »

Ou les mots n'ont plus de signification, ou il faut conclure que ce serait au cours de cette rapide entrevue, dans le vestibule de la Comédie, que la grande dame aurait trouvé le temps, et le moyen, d'administrer à la comédienne le poison dont elle devait mourir. Or, malgré le sérieux du sujet, on ne peut s'empêcher de sourire lorsqu'on lit, quelques lignes plus loin, cette phrase de la même Mlle Aïssé : « On prétend qu'elle a été empoisonnée dans un lavement. » Remarquons d'ailleurs qu'il n'est pas question du fameux bouquet qui lui aurait été offert, et dont Scribe et Legouvé, pour les besoins de leur drame, ont cueilli la légende dans ce passage, plus vague encore, du *Journal* de l'avocat Barbier : « Il y a trois ou quatre mois qu'on a conté une histoire dans Paris, qu'un abbé aurait écrit à la Le Couvreur qu'il était chargé de l'empoisonner... Les uns ont dit que c'était avec un bouquet ; les autres que c'étaient des biscuits. »

La vérité, beaucoup plus simple tout en restant fort triste, est que la célèbre actrice mourut, comme le déclarèrent les médecins, de la maladie dont elle souffrit toute sa vie. Sa santé avait toujours été fort délicate. Sa correspondance en fait foi, et il n'est guère de lettre d'elle, surtout pendant les dernières années, où elle ne se plaigne de quelque malaise. Il est vrai qu'elle en rend parfois responsables ses peines de cœur. Le 23 septembre 1724, elle écrit de Fontainebleau, où la Comédie a été mandée : « *Le docteur doit rester quinze jours : il crie beaucoup contre moi et prétend que je ne vivrai pas trois mois ; mais j'ai éprouvé que l'on ne meurt pas de tristesse.* » Un autre jour : « *Je suis encore au lit et ne sortirai de longtemps, tant le chagrin fait d'impression sur moi.* » En réalité, c'est son estomac débile, toujours mal en point — ainsi d'ailleurs que tout l'appareil digestif — qui est en cause ; et de temps à autre, il lui faut bien l'avouer : « *Mon œil va très bien, mais mon estomach* (sic) *ne va pas de même.* » Ailleurs : « *Adieu, je vous attends à dîner. Je ne me porte point bien du tout ; mais vous me guérirez.* » Ailleurs encore : « *Je ne sais si je pourrai avoir le plaisir de souper avec vous ce soir. Je ne sais même si je souperai... Ma santé me désespère et je ne suis pas maîtresse de la tristesse qu'elle m'inspire. Je trouve qu'il est plus difficile de prendre son parti sur une langueur éternelle que sur une maladie bien vive et bien déclarée.* » A son amie Mlle de La Chaise, elle donne ce mélancolique conseil : « *Ménagez bien votre santé, c'est le bien le plus précieux de la vie. J'en connais trop le prix, pour mon malheur.* » Dans le même temps, elle écrit à d'Argental : « *Je me trouvai si mal hier de mon indigestion que je ne pus jamais aller souper chez Mme de B... Je me couchai sans manger. Je n'ai point dormi et ne me porte point bien du tout ce matin. Je viens cependant de prendre six tasses de thé. Je voudrais avoir au moins de la santé pour tantôt.* » Au même : « *Je m'éveillai hier vers les dix heures avec une toux effroyable... Je n'ose vous dire à quel point l'image de la mort me suit... Que ma vie soit le terme de votre constance, mon cher ami. Vous n'avez peut-être plus guère de temps à me la conserver...* » Après une visite de médecin : « *J'ai vu Silva ce matin, qui m'a donné beaucoup de louanges et fort peu de remèdes, et ce n'était pas mon compte. Je crois pourtant que je prendrai du lait dans huit ou dix jours.* » En décembre 1728, au moment de traiter une importante affaire d'intérêt : ... « *Enfin je pense que le dérangement de ma santé ajoute encore aux circonstances pour m'ôter la force de me décider.* » Et Mlle Aïssé écrit au même moment : « *La Le Couvreur est très incommodée depuis quelque temps* ; *on craint qu'elle ne tombe dans une langueur.* » Enfin, la grande comédienne, se sentant de plus en plus mal, se décide à écrire son testament le 7 avril 1729 : et la crainte d'être empoisonnée n'y est pour rien, puisqu'elle ne devait rencontrer Bouret que le 24 juillet suivant.

Les intimes de Mlle Le Couvreur, ceux qui, depuis des années, la voyaient pour ainsi dire chaque jour, ceux-là même qui l'assistèrent pendant sa courte maladie, n'ont jamais cru qu'elle fût morte par le poison. Et Voltaire, l'un d'eux, n'a pas hésité à mettre la duchesse de Bouillon hors de cause dans la note suivante, écrite et signée par lui : « *Elle* (Adrienne) *mourut entre mes bras d'une inflammation d'entrailles* ; *et ce fut moi qui la fis ouvrir. Tout ce que dit Mlle Aïssé sont des bruits populaires qui n'ont aucun fondement.* »

A ce témoignage autorisé, confirmant l'hypothèse, déjà si proche de l'évidence, de la mort naturelle, s'en ajoute un autre, n'ayant il est vrai, celui-là, qu'une valeur morale, mais si haute en raison de la circonstance dans laquelle il s'est produit, qu'il n'est pas possible de le passer sous silence, ni d'en suspecter la sincérité. C'est celui de l'accusée elle-même, à son lit de mort. La duchesse de Bouillon en effet, plus jeune qu'Adrienne, ne devait pourtant lui survivre que peu d'années. Elle mourut à Paris, le 31 mars 1737, à trente ans. Avant d'expirer, repentante de ses égarements et des scandales qu'elle avait donnés, elle voulut faire, à haute voix, sa confession générale, devant ses amis et toute sa maison. Et ce jour-là encore, le dernier de sa vie, elle dit son innocence en ce qui concernait la mort de Mlle Le Couvreur. Ainsi que la justice, l'impartiale histoire a ses balances. Nous le demandons en toute bonne foi : de quel poids sont les divagations sans preuves d'un Bouret et les bavardages épistolaires de Mlle Aïssé en face de cette protestation suprême d'une mourante, d'une pénitente sincèrement chrétienne et qui se savait au moment redouté de paraître devant son Dieu ?

Le mystère de la mort de la malheureuse Adrienne serait donc éclairci, semblerait-il, n'était cette inhumation clandestine qui apporte à la version du crime un dernier argument. On a vu que, la veille du jour fixé pour l'enterrement, le corps fut enlevé de nuit dans un fiacre. Deux portefaix, sous la conduite d'un M. de Laubinière — qu'on a donné comme un parent ou un ami de la défunte, mais qui était vraisemblablement un exempt de police — allèrent l'enterrer dans un chantier désert du faubourg Saint-Germain, en un lieu dont le secret fut si bien gardé qu'aujourd'hui encore on en est réduit aux conjectures. La tradition semble avoir adopté l'angle sud-est des rues de Grenelle et de Bourgogne, ou plus exactement le nº 115 actuel de la rue de Grenelle. Mais la vérité est qu'on ignore encore, qu'on ignorera probablement toujours la place exacte où furent mis en terre les restes mortels de la grande tragédienne.

Pourquoi ce pauvre corps, privé même du cercueil qu'on ne refuse pas aux morts les plus obscurs, fut-il impitoyablement jeté à la voirie, demandent ceux qui tiennent pour l'empoisonnement, « sinon pour empêcher toute nouvelle tentative d'autopsie ? » Il est facile de répondre et d'établir que la préoccupation du lieutenant de police Hérault, qui prescrivit l'enlèvement, fut d'un tout autre genre. Et nous en trouvons la preuve dans les instructions que ce haut magistrat reçut du ministre Maurepas, en présence de l'attitude prise par le clergé paroissial et de l'émotion qu'elle soulevait dans le public. Le ministre informa M. Hérault que l'intention du cardinal de Fleury n'était point d'entrer dans cette affaire de la sépulture ecclésiastique, mais de s'en rap-

MAURICE, COMTE DE SAXE
par HYACINTHE RIGAUD

porter à ce que feraient l'archevêque de Paris et le curé de Saint-Sulpice : « S'ils persistent à la refuser comme il y a apparence, écrivait-il, il faudra faire enlever le corps la nuit et l'enterrer avec le moins de scandale qu'on pourra. » M. Hérault ne fit qu'obéir, et d'autant plus volontiers qu'il savait mieux que personne combien l'ordre public, la tranquillité de la rue étaient alors précaires.

Nous l'avons dit, et il est important de s'en souvenir, c'était le temps des tumultueux miracles opérés presque quotidiennement sur la tombe du diacre Pâris. Chaque jour, le cimetière Saint-Médard était encombré d'une foule de fanatiques se pressant, se bousculant pour arriver jusqu'à la sépulture vénérée. Des paralytiques sortaient en dansant, des estropiés jetaient leurs béquilles, d'autres, couchés à même sur la dalle, avaient des extases, des convulsions, et prophétisaient. Ceux qui osaient protester étaient hués, molestés, parfois même assommés sur place. La populace chantait d'elle-même des *Te Deum*: et cela faisait grand plaisir aux Jansénistes, dont était le bienheureux diacre, mais fort peu au gouvernement qui, depuis la mort du Régent, tenait pour la bulle *Unigenitus*. Le sage M. Hérault, dans son for intérieur, ne prenait sans doute point parti ; et rien n'indique qu'il se passionnât outre mesure pour les questions théologiques. Mais il savait d'expérience, il voyait combien peuvent devenir gênants pour la paix publique certains morts que la rumeur populaire élève au rang de persécutés et bientôt de martyrs. Il se demanda si l'on ne ferait pas de feu Mlle Le Couvreur, elle aussi, une victime de l'Eglise, autrement dit des Jésuites. Il dut avoir la vision anticipée de pèlerinages à la sépulture de la célèbre actrice, d'émeutes peut-être, qu'il faudrait réprimer, dans un autre cimetière Saint-Médard. Et c'est pourquoi, très vraisemblablement, renchérissant sur les instructions du cardinal ministre, il prescrivit, en plus de l'enlèvement nocturne du corps, l'inhumation clandestine en un lieu qui demeurerait inconnu : pour éviter les manifestations dont une tombe pouvait devenir le théâtre, il prit sur lui de supprimer cette tombe.

Telle est, à notre avis, l'explication la plus plausible d'une mesure de police qui révolte singulièrement notre sensibilité moderne, et qui eut pour effet de priver d'une sépulture décente la dépouille mortelle d'une femme ayant si hautement honoré la scène française. Ce n'est à la vérité qu'une hypothèse, en cette affaire où tout est hypothèse. Elle a du moins l'avantage de ne pas contredire au simple bon sens. Comment, en effet, admettre que M. Hérault se fût donné tout cet embarras dans le seul but d'éviter une seconde autopsie qu'il ne pouvait guère redouter : n'avait-il pas eu sous les yeux le rapport des médecins et, plus exactement renseigné que ne l'étaient Mlle Aïssé ou l'avocat Barbier, ne savait-il pas mieux que personne à quoi s'en tenir sur la fable de l'empoisonnement ?

CHAPITRE VIII

Après la mort

L'émotion qu'avait soulevée dans Paris la mort de l'actrice populaire devint de la stupeur lorsqu'on connut le traitement infligé à ses cendres. Mais personne n'était alors assez hardi pour critiquer ouvertement les actes de l'autorité, surtout représentée par un administrateur « à poigne », tel qu'était M. Hérault. L'indignation des admirateurs d'Adrienne et de ses amis, pour éélle qu'elle fût, resta discrète. Ses camarades mêmes, dont la profession venait d'être si cruellement humiliée en la personne de la défunte, furent les premiers à donner l'exemple de la prudence.

Au lendemain de l'inhumation, la Compagnie des Comédiens français se réunit en assemblée extraordinaire. On prétend, sans que cela soit prouvé, que Voltaire assistait à la séance. Il aurait incité ces messieurs à déclarer qu'ils n'exerceraient plus leur art « jusqu'à ce qu'on traitât les pensionnaires du Roi comme les autres citoyens qui n'ont pas l'honneur d'appartenir à Sa Majesté. » L'assemblée promit, et n'en fit rien. « On n'était pas encore au siècle des grèves », dit Georges Monval, d'après qui nous rapportons cette anecdote. Les comédiens, sagement respectueux du pouvoir et du fait accompli, se contentèrent de rendre à leur illustre camarade un solennel hommage par la bouche de l'acteur Grandval, qui, le vendredi 24, avant la clôture du théâtre, prononça le discours suivant, composé par le même Voltaire :

Je sens, messieurs, que vos regrets redemandent cette actrice inimitable, qui avait presque inventé l'art de parler au cœur et de mettre du sentiment et de la vérité où l'on ne mettait guère auparavant que de la pompe et de la déclamation.

Mlle Le Couvreur — souffrez-nous la consolation de la nommer — faisait sentir dans tous ses personnages toute la délicatesse, toute l'âme, toutes les bienséances que vous désiriez : elle était digne de parler devant vous, messieurs ; parmi ceux qui daignent ici m'entendre, plusieurs l'honoraient de leur amitié ; ils savent qu'elle faisait l'ornement de la société comme celui du théâtre, et ceux qui n'ont connu en elle que l'actrice peuvent bien juger, par le degré de perfection où elle était parvenue, que non seulement elle avait beaucoup d'esprit, mais encore l'art de rendre l'esprit aimable.

Vous êtes trop justes, messieurs, pour ne pas regarder ce tribut de louanges comme un devoir : j'ose même dire qu'en la regrettant, je ne suis que votre interprète.

Dans le même temps, le *Mercure de France* publiait un long article nécrologique, où il exaltait les mérites de l'actrice disparue et déplorait sa perte comme un deuil public. Lui non plus, il ne soufflait mot de l'enterrement.

Seuls les poètes du moment — l'occasion s'offrait trop belle pour les amateurs d'élégies — se risquèrent à se faire, plus ou moins sous le manteau, les interprètes d'un sentiment qui n'osait pas autrement s'exprimer. Et celle qui n'avait pas reçu de sépulture obtint du moins de leur piété attendrie une sorte de couronne funéraire idéale, dont les principales pièces, réunies par l'amoureux Monval, nous ont été conservées (1).

Un ami fidèle d'Adrienne, le marquis de Rochemore, lui composa cette épitaphe :

Cy gît l'actrice inimitable
De qui l'esprit et les talents,
Les grâces et les sentiments
La rendaient partout adorable ;
Et qui n'a pas moins mérité
Le droit à l'immortalité
Qu'aucune héroïne ou déesse,
Qu'avec tant de délicatesse
Elle a souvent représenté.

L'opinion était si forte
Qu'elle devait toujours durer,
Qu'après même qu'elle fut morte,
On refusa de l'enterrer.

Un autre, René de Bonneval, esprit fort, flétrit en strophes d'intention généreuse « ce refus qu'on a fait de l'enterrer. »

(1) *Lettres d'Adrienne Le Couvreur*, ouvrage précédemment cité.

Ombre illustre, console-toi,
En tous lieux la terre est égale.
Alors que la Parque fatale
Nous fait subir sa triste loi,
Peu nous importe où notre cendre
Doive reposer pour attendre
Ce temps où tous les préjugés
Seront pour jamais abrogés.
Les lieux cessent d'être profanes
En contenant d'illustres mânes.
Ton tombeau sera respecté,
Et s'il n'est souvent fréquenté
Par les diseurs de patenôtres,
Sans doute il le sera par d'autres
Dont l'hommage plus naturel
Doit rendre ton nom immortel.
Au lieu d'ennuyeuses matines,
Les Grâces en habit de deuil
Chanteront des hymnes divines
Tous les matins sur ton cercueil.
Sophocle, Corneille, Racine
Sans cesse répandront des fleurs,
Tandis que Jocaste et Pauline
Verseront un torrent de pleurs.

Un poète anonyme s'écrie :

Pourquoi donc s'informer où gît la Le Couvreur ?
    Pour sa gloire et pour son honneur,
Qu'importe de savoir où sa cendre repose ?
Vous qui la connaissiez, donnez-lui des autels
Et donnez-lui l'encens qu'on doit aux immortels ;
    Mais laissant son apothéose,
Disons plutôt qu'au lieu d'avoir perdu le jour,
La Le Couvreur n'a fait que changer de séjour ;

Que celle qui faisait l'honneur de ce théâtre,
Celle dont tout Paris, longtemps admirateur,
  Devint à la fin idolâtre,
Celle pour qui Jocaste au gré du spectateur
Avait l'art d'exciter la pitié, la terreur,
Celle enfin, qui de Phèdre, avec son art suprême,
Peignait si bien l'amour, la haine et la fureur,
  Était Melpomène elle-même
  Sous le nom de la Le Couvreur.
  Qu'est-il donc besoin qu'on l'enterre ?
Est-il chez les mortels des tombeaux pour les dieux ?
  C'est pour nous qu'ils ont fait la terre,
  C'est pour eux qu'ils ont fait les cieux.

Piron lui-même, oubliant leur brouille, salue à sa manière la mémoire de celle à qui il a retiré le rôle de Léonide :

L'enfer, abondant en supplices,
Est doublement notre bourreau :
En nous enlevant nos délices,
En nous laissant notre fléau.

O comble affreux, mais peu nouveau,
De ces horreurs dont il s'honore !
La Le Couvreur est au tombeau...
Et son médecin vit encore !

Voltaire, bien entendu, tient à honneur de faire sa partie dans le concert. Mais sa plainte est d'abord discrète comme un soupir.

Vers à l'occasion du traitement fait à Mlle Le Couvreur après sa mort.

Du théâtre charmant soutien,
Si c'est ainsi que l'on vous traite,
Je dois m'en taire en bon chrétien ;
Mais, hélas ! on souffrira bien
Que j'ose m'en plaindre en poète.

Bientôt cependant sa muse se fait moins circonspecte. Sept mois après la mort d'Adrienne, une célèbre actrice anglaise, Anne Oldfield, meurt à Londres, le 23 octobre 1730, et elle est enterrée à Westminster, parmi les rois et les grands hommes des trois royaumes. Le contraste inspire, enflamme l'auteur d'*Artémire* et de *Mariamne*. Il dédie à la mémoire de sa grande interprète, de son amie, l'élégie fameuse qui le brouille pour un temps avec la cour, et le met dans le cas d'être obligé de quitter Paris :

Que vois-je ? quel objet ! quoi ! ces lèvres charmantes,
Quoi ! ces yeux d'où partaient ces flammes éloquentes,
Éprouvent du trépas les livides horreurs !
Muses, Grâces, Amours, dont elle fut l'image,
O mes dieux et les siens, secourez votre ouvrage !
Que vois-je ? c'en est fait, je t'embrasse et tu meurs !
Tu meurs ; on sait déjà cette affreuse nouvelle ;
Tous les cœurs sont émus de ma douleur mortelle.
J'entends de tous côtés les beaux-arts éperdus
S'écrier en pleurant : « Melpomène n'est plus ! »

Que direz-vous, race future,
Lorsque vous apprendrez la flétrissante injure
Qu'à ces arts désolés font des prêtres cruels ?
Un objet digne des autels
Est privé de la sépulture !
Et dans un champ profane on jette à l'aventure
De ce corps si chéri les restes immortels !
Non, ces bords désormais ne seront plus profanes,
Ils contiennent ta cendre ; et ce triste tombeau,
Honoré par nos chants, consacrés par tes mânes,
Est pour nous un temple nouveau !
Voilà mon Saint-Denys ; oui, c'est là que j'adore
Tes talents, ton esprit, tes grâces, tes appas :
Je les aimai vivants, je les encense encore
Malgré les horreurs du trépas,
Malgré l'erreur et les ingrats,
Que seuls de ce tombeau l'opprobre déshonore.
Ah ! verrai-je toujours ma faible nation,
Incertaine en ses vœux, flétrir ce qu'elle admire,
Nos mœurs avec nos lois toujours se contredire,
Et le Français volage endormi sous l'empire
De la superstition ?
Quoi ! n'est-ce donc qu'en Angleterre
Que les mortels osent penser ?
O rivale d'Athène, ô Londre, heureuse terre !
Ainsi que les tyrans vous avez su chasser
Les préjugés honteux qui vous livraient la guerre.
C'est là qu'on sait tout dire et tout récompenser ;
Nul art n'est méprisé, tout succès a sa gloire ;
Le vainqueur de Tallard, le fils de la Victoire,
Le sublime Dryden, et le sage Addison,
Et la charmante Ophils, et l'immortel Newton,
Ont part au Temple de Mémoire :
Et Le Couvreur à Londre aurait eu des tombeaux
Parmi les beaux-esprits, les rois et les héros.

L'année suivante, en 1733, dans l'*Epître dédicatoire de* Zaïre, *à M. Falkener, marchand anglais,* il renchérit encore :

Votre Oldfield et sa devancière,
Bracegirdle la minaudière,
Pour avoir su dans leurs beaux jours
Réussir au grand art de plaire,
Ayant achevé leur carrière,
S'en furent avec le concours
De votre république entière,
Sous un grand poêle de velours,
Dans votre église pour toujours
Loger de superbe manière.
Leur ombre en paraît encor fière,
Et s'en vante avec les Amours :
Tandis que le divin Molière,
Bien plus digne d'un tel honneur,
A peine obtint le froid bonheur
De dormir dans un cimetière ;
Et que l'aimable Le Couvreur,
A qui j'ai fermé la paupière,
N'a pas eu même la faveur
De deux cierges et d'une bière,
Et que monsieur de Laubinière
Porta la nuit, par charité,
Ce corps autrefois si vanté,
Dans un vieux fiacre empaqueté,
Vers le bord de notre rivière.
Que mon cœur en a palpité !
Cher ami, que j'ai détesté
La rigueur inhospitalière
Dont ce cher objet fut traité !

Ce traitement barbare infligé aux restes mortels de la

comédienne qu'il avait aimée, Voltaire d'ailleurs n'en perdra pas la mémoire. Les années passeront, il s'en souviendra toujours. Il le prouvera dans sa fameuse *Conversation de M. l'Intendant des Menus en exercice avec M. l'abbé Grizel*, l'un de ses dialogues philosophiques publié en opuscule, à la date de 1761, et attribué par l'auteur à un M. Dardelle. On sait que dans cette « conversation », il revient une fois de plus sur la question de l'excommunication des comédiens, qui jette un fâcheux discrédit sur le théâtre en général et lui tient à cœur, moins encore comme philosophe que comme auteur dramatique. Et il le fait avec sa verve coutumière, sa malice partiale, parfois un peu trop facile, contre les choses de la religion et les gens d'Eglise, et surtout avec son lumineux bon sens :

Je suppose, disait l'Intendant des Menus à l'abbé Grizel, que nous n'eussions jamais entendu parler de comédie avant Louis XIV ; je suppose que ce prince ait été le premier qui eût donné des spectacles, qu'il ait fait composer *Cinna*, *Athalie* et *Le Misanthrope* ; qu'il les ait fait représenter par des seigneurs et des dames devant tous les ambassadeurs de l'Europe ; je demande s'il serait tombé dans l'esprit du curé La Chétardie, ou du curé Fantin, connus tous deux par les mêmes aventures, ou d'un seul autre curé, ou d'un seul habitué, ou d'un seul moine, d'excommunier ces seigneurs et ces dames, et Louis XIV lui-même ; de leur refuser le sacrement de mariage et la sépulture ?

— Non, sans doute, dit l'abbé Grizel, une si absurde impertinence n'aurait passé par la tête de personne.

— Je vais plus loin, dit l'Intendant des Menus. Quand

Louis XIV et toute sa cour dansèrent sur le théâtre, quand Louis XIV dansa avec tant de jeunes seigneurs de son âge dans la salle des Tuileries, pensez-vous qu'ils aient été excommuniés ?

— Vous vous moquez de moi, dit l'abbé Grizel : nous sommes bien bêtes, je l'avoue, mais nous ne le sommes pas assez pour imaginer une telle sottise.

. . . .

— Je veux vous pousser, dit le Menu. Non seulement Louis XIV, mais le cardinal Mazarin, le cardinal de Richelieu, l'archevêque Trissino, le pape Léon X, dépensèrent beaucoup à faire jouer des tragédies, des comédies et des opéras... Je ne trouve pourtant pas dans l'histoire de l'Église qu'aucun vicaire de Saint-Sulpice ait excommunié pour cela le pape Léon X et ces cardinaux. Pourquoi donc Mlle Le Couvreur a-t-elle été portée dans un fiacre au coin de la rue de Bourgogne ?

. . . .

— Je vous ai dit, répondit l'abbé Grizel, que cela est arbitraire. J'enterrerais de tout mon cœur Mlle Clairon, s'il y avait un gros honoraire à gagner ; mais il se peut qu'il se trouve un curé qui fasse le difficile : alors on ne s'avisera pas de faire du fracas en sa faveur, et d'appeler comme d'abus au Parlement. Les acteurs de Sa Majesté sont d'ordinaire des citoyens nés de familles pauvres ; leurs parents n'ont ni assez d'argent ni assez de crédit pour gagner un procès ; le public ne s'en soucie guère : il jouit des talents de Mlle Le Couvreur pendant sa vie, il la laissa traiter comme un chien après sa mort, et ne fit qu'en rire.

N'était cette touchante insistance à rappeler le souvenir de la pauvre Adrienne — dont il convient de laisser l'honneur au seul Voltaire — ne dirait-on pas, à relire ces pages restées si jeunes, de quelque conversation, sous l'*Orme du Mail*, entre M. l'abbé Guitrel et le préfet Worms-Clavelin ?

Cependant les Comédiens français ne devaient pas oublier l'injure faite à leur profession en la personne d'une de ses gloires. Plus d'un demi-siècle après la mort de leur illustre camarade, la Révolution leur ayant délié la langue, ils adressèrent au ministre de l'Intérieur de la République une et indivisible, le citoyen Bénezech, la lettre suivante :

Paris, le 8 floréal an V.

C'est avec confiance que nous nous adressons à vous pour obtenir un acte d'équité qu'invoquent les beaux-arts dont vous êtes l'ami et dont vous vous montrez le protecteur.

Des préjugés honteux, le fanatisme et la superstition ont refusé jadis les honneurs de la sépulture à la célèbre Adrienne Le Couvreur. Cette actrice si touchante, qui porta la première sur la scène tragique le langage de la nature, le cri de l'âme et l'expression de la vérité, reçut à sa mort, pour prix de ses talents, un outrage dont ses mânes demandent aujourd'hui la réparation au siècle de la philosophie, au peuple régénéré qui ne connaît plus de titre étranger à sa gloire.

Lorsque nos ennemis orgueilleux plaçaient dans Westminster, près des tombeaux de leurs rois, les tombes de mistress Oldfield et de Garrick, nos ancêtres reléguaient ignominieusement les cendres d'Adrienne Le Couvreur, hors de la sépulture accordée à ce qu'on nommait *les fidèles*, sur les bords de la Seine, dans une terre ignorée où rien n'annonçait aux regards, ne rappelait au souvenir des hommes combien était précieux le dépôt que lui confiait l'amitié gémissante !

Nous demandons, citoyen ministre, que vous veuillez bien nous autoriser à rechercher ce qui reste d'une femme célèbre, à rendre sa dépouille mortelle aux lieux désignés par la loi pour le dernier asile des citoyens français, et à couvrir la place qu'occupent ces cendres trop longtemps avilies d'une pierre qui désigne au moins à l'ami des Arts que là repose une artiste qui fit les délices de son siècle, et que son siècle abandonna sans pudeur aux lois barbares dictées par le fanatisme et consacrées par de vils préjugés.

Les artistes du Théâtre de la République :
A. Baptiste aîné, François Talma, A. Michot, Gourgaud-Dugazon, Vestris, Derozière, Grand-Ménil, Vanhove, Baptiste, Gaillard.

Le ministre ne manqua pas de féliciter les ex-comédiens du Roi, devenus ceux de la République, de leur honorable initiative, et invita par une lettre officielle les autorités cantonales à leur prêter appui. Mais à cette époque déjà, les ministères n'étaient point de longue durée. Le citoyen Bénezech tomba du pouvoir, et les choses en restèrent là. Adrienne n'eut point son monument posthume et le destin s'accomplit, qui voulait que la place « occupée par ses cendres » demeurât éternellement inconnue.

Cette place pourtant, le fidèle d'Argental, alors plus qu'octogénaire, avait cru l'avoir retrouvée. En 1786, cinquante-six ans après la mort de son amie toujours regrettée, une plaque de marbre avait été apposée par ses soins rue de Grenelle, sur la maison présumée la plus voisine du lieu de la sépulture. Le huitain suivant, tout imprégné des souvenirs de leur jeunesse à tous deux, y était gravé :

Ici l'on rend hommage à l'actrice admirable,
Par l'esprit, par le cœur également aimable.
Un talent vrai, sublime en sa simplicité,
L'appelait, par nos vœux, à l'immortalité ;
Mais le sensible effort d'une amitié sincère
Put à peine obtenir ce petit coin de terre ;
Et le juste tribut du plus pur sentiment
Honore enfin ce lieu méconnu si longtemps.

La tombe que n'eut point la grande artiste en terre chrétienne, la trouva-t-elle du moins dans le cœur de celui dont elle eût surtout souhaité de ne pas être oubliée ? Maurice de Saxe demeura-t-il indifférent au barbare traitement infligé aux restes de son amie ? La pleura-t-il comme le méritait celle qui avait fait de lui « son univers et ses dieux » ? Autant de questions que la chronique a laissées sans réponse. On sait seulement qu'il ne quitta le chevet de la mourante qu'après qu'elle eut rendu le dernier soupir. Et même, s'il fallait en croire les *Annales des grands théâtres de Paris*, publiées en 1788, ce serait lui qui aurait accompagné le corps au lieu de la sépulture. Mais il est trop certain que ce n'est là qu'une légende polie. Tous les témoignages contemporains s'accordent à dire que le seul personnage qui prit place, avec les lamentables restes, dans l'équipage funèbre fut le policier Laubinière.

Que le futur maréchal de Saxe ait payé aux mânes de sa maîtresse en titre le tribut de regrets que la bienséance commandait, c'est là ce dont il n'est pas permis de douter. Ce que nous savons de ses qualités de cœur nous autorise même à penser qu'il fut sincèrement affligé de sa perte. Mais lorsqu'elle mourut, les belles années de leurs amours — les plus belles de la vie d'Adrienne — étaient déjà loin. Le sentiment, l'élégie, et surtout la fidélité n'avaient jamais été le fait du bâtard de Saxe. Seule l'habitude — peut-être aussi quelque reconnaissance — le retenait dans une liaison devenue presque de convenance. Après neuf années, la célèbre comédienne, bien que touchant à peine à l'automne de sa vie de femme, n'était plus pour lui qu'une vieille maîtresse, aux charmes usés. Elle disparue, il est probable qu'il n'attendit guère pour retourner aux filles d'Opéra, et à ces passades de fortune qui semblaient être pour lui tout l'amour. Plaignons la pauvre Adrienne et son ombre, prématurément descendue aux rives souterraines. Mais ne soyons pas trop sévères pour l'illustre et oublieux amant. Elle n'était plus que poussière, il était jeune et plein de vie : l'immortel Eros a des ailes et ne s'attarde point sous les cyprès.

TABLE DES MATIÈRES

TABLE DES PLANCHES

Impr. des *Presses Universitaires de France*, Paris. — 1925. — 0.308

ACTEURS & ACTRICES D'AUTREFOIS

DOCUMENTS ET ANECDOTES

Publiés sous la direction de M. LOUIS SCHNEIDER

Ouvrages parus :

Mélingue, par J. **TRUFFIER**, de la Comédie-Française, professeur au Conservatoire.

Samson, par **Pierre VEBER**, auteur dramatique.

Mademoiselle Molière, par **Henry LYONNET**, auteur du *Dictionnaire des Comédiens français.*

Bocage, par **Paul GINISTY**, ex-directeur de l'Odéon.

Frédérick Lemaitre, par **SILVAIN**, doyen de la Comédie-Française.

Adrienne Lecouvreur, par **Georges RIVOLLET**, auteur dramatique.

Sous presse :

Marie Dorval, par **André ANTOINE**, fondateur du Théâtre-Libre.

Rachel, par **Louis BARTHOU**, de l'Académie Française.

Mademoiselle Mars, par **Lucien DESCAVES**, de l'Académie Goncourt.

La Dugazon, par **Hugues LE ROUX**, homme de lettres.

La Champmeslé, par **Mme SEGOND-WEBER**, sociétaire de la omédie-Française.

Chaque volume in-8° écu, avec planches en phototypie. **12 fr.**

Tirage de luxe numéroté sur papier Lafuma, limité à 100 exemplaires. . . . . **30 fr.**

On peut souscrire à la série de luxe des dix premiers volumes pour le prix de **300** francs.

6723. — Coulommiers. Imp. Paul BRODARD. — 11-25.

www.ingramcontent.com/pod-product-compliance
Ingram Content Group UK Ltd.
Pitfield, Milton Keynes, MK11 3LW, UK
UKHW022107260726
13993UKWH00001B/368

9 782329 440163